El Poder de Dejar Ir

7 Técnicas Eficaces para Dejar de Pensar Demasiado en el Pasado, Sanar las Heridas Emocionales, y Disfrutar de la Libertad (que Mereces), sin Rumiar

Logan Mind

Copyright © 2024 - All rights reserved. 4

¡Obtén tu libro gratis! 7

Cómo Descargar Tus Extras 8

¿Interesado en Otros Libros? 10

¡Únete a mi equipo de reseñas! 12

Introducción 13

Parte 1: Comprendiendo las Cadenas 17

Capítulo 1: La Trampa de la Sobrethinking 18

Capítulo 2: Raíces del Miedo y la Ansiedad 30

Capítulo 3: Heridas emocionales y su impacto 42

Parte 2: Preparándose para el Cambio 53

Capítulo 4: Construyendo Conciencia y Autoentendimiento 54

¡Vamos a Ser Prácticos! 68

Capítulo 5: Reenmarcar y Restructurar Pensamientos 71

¡Pongámonos Prácticos! 85

Capítulo 6: Fundamentos de la Regulación Emocional 89

¡Vamos a ser prácticos! 102

Parte 3: Practicando el Dejar Ir.. 106

Capítulo 7: Técnicas Efectivas para Alivio Inmediato 107

¡Vamos a Ser Prácticos!.. 120

Capítulo 8: Prácticas Sostenibles a Largo Plazo............................... 122

¡Vamos a ser Prácticos! 135

Capítulo 9: Abrazando la libertad y avanzando 138

¡Vamos a ser Prácticos! 152

Conclusión... 156

¡Una reseña ayudaría! 158

¡Únete a mi equipo de reseñas!... 159

Copyright © 2024 - All rights reserved.

No part of this book may be reproduced in any form or by any electronic or mechanical means, including information storage and retrieval systems, without written permission from the author, except for the use of brief quotations in a book review.

EMOTIONAL INTELLIGENCE
for Social Success

FREE DOWNLOAD: pxl.to/loganmindfreebook

LOGAN MIND

EXTRAS

https://pxl.to/LoganMind

Books
Workbooks
FREE GIFTS
Review Team
Audiobooks
Contacts

CLICK NOW!

@loganmindpsychology

¡Obtén tu libro gratis!

Como forma de agradecimiento por la compra de "El Poder de Dejar Ir", me complace ofrecerte otro recurso valioso absolutamente GRATIS. **Explora** "Inteligencia Emocional para el Éxito Social" y eleva tu **camino** hacia el bienestar emocional.

Dentro de esta oferta, obtendrás:

- Ideas sobre cómo gestionar las emociones de manera efectiva en entornos sociales
- Estrategias para mejorar tus habilidades sociales y construir conexiones significativas
- Técnicas para reconocer y abordar las emociones de los demás
- Consejos prácticos para reducir la ansiedad en situaciones sociales
- Orientación para mejorar la autoconciencia y la autorregulación

Si estás ansioso por mejorar tus interacciones sociales y tu resistencia emocional, asegúrate de obtener este libro de cortesía.

Así es como:

- Sigue el enlace a continuación
- Haz clic en Libro GRATIS
- Selecciona tu idioma
- ¡Descarga!

Para acceder a tu libro gratis al instante, visita:

https://pxl.to/LoganMind

¡Disfruta de la lectura y sigue esforzándote por la libertad emocional y el éxito social!

Cómo Descargar Tus Extras

Imagina **desbloquear** todo el potencial de tu bienestar emocional con herramientas exclusivas que complementan y amplían las técnicas discutidas en este libro. Estos extras son compañeros esenciales que no querrás perderte, diseñados para profundizar en tu comprensión y aplicación basada en la acción de las estrategias sobre las que leerás. Ofrecen beneficios prácticos inmediatos que te ayudarán a obtener claridad, reducir la ansiedad y cultivar la libertad que te mereces.

Aquí tienes un breve resumen de lo que te espera:

- **Un desafío de 21 días descargable y práctico — Valorado en $14.99**: Esta guía paso a paso ofrece acciones y reflexiones diarias para construir impulso, reforzando tus nuevos hábitos y haciendo tangible el progreso.
- **101+ Mantras para Liberar la Carga Emocional**: Energiza tu día y cambia tu mentalidad con una potente colección de mantras creados específicamente para abordar heridas emocionales y espirales negativas.
- **Esenciales de Regulación Emocional — Valorado en $9.99**: Accede a herramientas esenciales y ejercicios para mantener la estabilidad emocional y construir la resiliencia para superar los desafíos de la vida.
- **Bono: Inteligencia Emocional para el Éxito Social — Valorado en $14.99**: Eleva tus relaciones interpersonales e interacciones sociales con una guía práctica que mejora tu inteligencia emocional para conexiones más satisfactorias y equilibradas.

Estos recursos complementarios están diseñados para brindarte capas adicionales de apoyo y orientación. Acelerarán tu progreso, haciendo que los principios de este libro no sean solo conceptos teóricos, sino experiencias vividas.

Así es cómo puedes empezar con tus extras:

- **Sigue el enlace a continuación**
- **Haz clic en la portada del libro**
- **Haz clic en EXTRAS**
- **Inserta el idioma que hablas**
- **Haz clic en Descargar**
- **Descarga desde la página que se abre después**

Echa un vistazo a los extras aquí:

https://pxl.to/LoganMind

¿Interesado en Otros Libros?

Si bien *este libro* te proporciona técnicas transformadoras para detener la sobrethinking y avanzar, es solo una pieza del rompecabezas. Abordar áreas relacionadas puede solidificar aún más tu nueva mentalidad y libertad emocional. Participar en otros temas te proporcionará una comprensión más amplia y un enfoque más completo para el bienestar general.

Considera explorar algunos otros temas cruciales:

- **Atención Plena**: Aprender a vivir en el momento presente es esencial para aliviar la sobrethinking. Mi próximo libro, "En el Ahora: Dominando la Atención Plena", explora prácticas efectivas que te entrenan para permanecer presente, reducir el estrés y apreciar cada momento. Sirve como un compañero perfecto para profundizar tu conciencia y fortalecer tu enfoque.
- **Inteligencia Emocional**: Desarrollar una mayor conciencia emocional puede ser un cambio de juego para sanar heridas emocionales. "Emoción Inteligente: Mejorando tu Inteligencia Emocional para Mejores Relaciones y Éxito" examina técnicas para reconocer, comprender y manejar tus emociones. Complementa **las enseñanzas actuales al empoderarte** con habilidades para construir interacciones más saludables y crecimiento personal.
- **Autocompasión**: Muchos que luchan por soltar también tienen dificultades con el autoperdón. "Compasión Profunda: Amor Propio y Aceptación" está diseñado para guiarte en el proceso de ser más amable contigo mismo. Las herramientas ofrecidas pueden amplificar el progreso que has logrado, creando un camino holístico hacia el bienestar emocional.

Estos libros ya han sido lanzados o están por llegar próximamente. Están escritos con la misma dedicación y profundidad, asegurando que ofrecen un valor sustancial a tus esfuerzos de auto-mejora.

Si otros temas te interesan, siéntete libre de explorar la gama completa de mis libros. Están diseñados para abordar varios aspectos del bienestar mental y emocional, asegurando que haya algo beneficioso para todos.

Echa un vistazo a los libros y contactos aquí:

https://pxl.to/LoganMind

Sigue el enlace a continuación

Haz clic en Todos Mis Libros

Elige los que te interesen.

En caso de que desees ponerte en contacto conmigo, puedes encontrar todos los contactos al final del enlace a continuación.

Empodérate con el conocimiento y las herramientas que resuenen con tu camino único.

¡Únete a mi equipo de reseñas!

¡Gracias por leer mi libro! Me encantaría tener tu opinión honesta, ¿y qué mejor manera de hacerlo que ofreciéndote una copia gratuita de mi libro? Si eres un ávido lector, considera unirte a mi equipo de reseñas para recibir copias de revisión anticipada (**ARCs**) cada vez que lanzo un nuevo libro.

Así es como puedes unirte:

- Haz clic en el enlace o escanea el **código QR**.
- Haz clic en la portada del libro en la página que se abre.
- Haz clic en "Únete al equipo de reseñas".
- Regístrate en **BookSprout**.
- Serás notificado cada vez que lance un nuevo libro.

Echa un vistazo al equipo aquí:

https://pxl.to/LoganMind

Introducción

"Hoy es el mañana por el que te preocupaste ayer." — Dale Carnegie

¿No es fascinante cómo nuestras mentes pueden entrar en un bucle interminable de pensamientos, preocupándose por cosas del pasado mientras descuidan el presente? He pasado años observando a personas luchar con esto, acechadas por pensamientos que, la mayoría de las veces, no tienen relevancia en su realidad actual. Si estás aquí, significa que quizás has caído en la misma trampa, luchando con la sobrethinking y su impacto devastador en tu bienestar emocional.

Todos tenemos esos momentos de *oh no... ¿debería haber dicho eso?*, reproduciéndolos como un disco rayado. (Culpable como acusado.) Mi objetivo con este libro es simple: guiarte fuera de este laberinto mental y ayudarte a recuperar esa libertad por la que has estado anhelando, sin las rumiaciones interminables. ¿Suena bien, verdad?

En mis bulliciosos espacios de oficina y durante sesiones de coaching sinceras, he visto a personas romper cadenas que solo ellas podían percibir. Almas atadas por miedos, arrepentimientos y algunas heridas emocionales bastante desagradables. Es perfectamente natural tener estos sentimientos (créeme, no estás solo), pero reconocerlos es el primer paso hacia una mente mejor y más tranquila.

Ahora, pongamos el escenario. Es esencial entender exactamente qué está sucediendo dentro de nuestras cabezas, de ahí la Parte 1: *Comprendiendo las Cadenas*. ¿La sobrethinking te suena familiar? Sí, ahí es donde empezamos. Es esta bestia intrincada que nos arroja a un bucle interminable de duda y negatividad. Y ni siquiera empecemos con ese crítico interno —el que se asegura de que nunca olvidemos ni un solo error.

Pero la cosa es que, cuando sobrethinking y masticamos nuestras preocupaciones como un mal chicle, viene con un alto precio —la salud emocional. ¿Te has dado cuenta siquiera de que esas noches sin dormir y esa constante inquietud pueden ser síntomas de estos problemas arraigados profundamente? Reconocer esto es clave (en serio, ignorarlo solo empeorará las cosas).

¿Alguna vez te has sentado a pensar por qué ciertos miedos y ansiedades nos siguen de cerca? Bueno, el Capítulo 2 se sumerge en los orígenes de estos molestos miedos. Spoiler alert: a menudo están entrelazados con nuestros hábitos de sobrethinking. Para aquellos de ustedes que se preguntan *por qué* las emociones actúan de la forma en que lo hacen, esta parte establece los conceptos básicos de las respuestas al miedo y sus conexiones tan obvias con la ansiedad. Comprender estos conceptos puede ponernos en el camino para abordar nuestras incertidumbres fundamentales.

Luego, está la parte jugosa —las heridas emocionales. Heridas pasadas que afectan cada pensamiento y estado de ánimo (...sí, esos momentos en la escuela cuando nos sentimos avergonzados, o esas rupturas desordenadas). Este equipaje puede hacer que la vida sea innecesariamente difícil. Nuestros pensamientos son arrastrados a espirales negativas implacables, dando forma a todo nuestro mundo. El Capítulo 3 podría ser una revelación sobre esto —si eres lo suficientemente valiente para mirar en tus heridas emocionales y abrir la puerta hacia la recuperación.

Pasando a la Parte 2, se trata de *Prepararse para el Cambio*. Este es el estiramiento previo al juego antes de abordar lo grande. He creado algunas técnicas fáciles de seguir para ayudar a construir la autoconciencia. Es una parte esencial para entender tu mente parlanchina interminable. (Te prometo que las técnicas de autoconciencia no son aburridas en absoluto). Reconocer tus patrones de pensamiento destructivos te acerca a la mitad de la batalla. Créeme, estas técnicas funcionan maravillas.

Soy un gran creyente en *Reformular y Reestructurar Pensamientos* (de ahí, el Capítulo 5). Es como la alfarería —damos forma al barro en un hermoso jarrón. Estamos dando forma a pensamientos caóticos en productivos. ¿Alguna vez has oído hablar de la Terapia Cognitivo-Conductual (TCC)? Es como un arma secreta para decapitar esos pensamientos negativos. Y, el Modelo ABC (Acontecimiento Activador, Creencia, Consecuencia) —los desglosaremos con ejemplos cotidianos y acogedores.

El Capítulo 6 en esta sección se adentra en la *Regulación Emocional*. Es increíblemente gratificante ver a mis clientes practicar técnicas de Terapia Dialéctica Conductual (TDC) o principios de Terapia de Aceptación y Compromiso (TAC). Construyen una resistencia emocional sólida. Técnicas de enraizamiento, relajación muscular progresiva… pueden sonar como sacadas de una película de ciencia ficción, pero son herramientas prácticas para anclar tu mente desbocada.

Practicar el Dejar Ir en la Parte 3 es donde se pone en marcha la acción. Aquí nos adentramos en la rutina diaria. El Capítulo 7 presenta técnicas para un alivio mental inmediato. Hay algo innegablemente satisfactorio en soluciones directas —detener el pensamiento, terapia de exposición, Técnicas de Liberación Emocional (EFT). Te devuelven rápidamente el control.

Para el largo plazo, el Capítulo 8 es tu arsenal. Imagina que estas técnicas se convierten en hábitos arraigados —¿cómo te sentirías si tus patrones de pensamiento negativos desaparecieran en el viento? Aprenderás indicadores (disparadores personales) y planificación personalizada para evitar recaídas (es como poner una alarma en nuestras mentes).

Finalmente, el Capítulo 9, *Abrazando la Libertad y Avanzando*, será tu cofre del tesoro lleno de momentos para celebrar y herramientas para enfrentar los desafíos futuros de frente. Imagina una vida menos cargada de rumiaciones constantes —lamentablemente esquiva para muchos pero totalmente alcanzable para ti. Estás empoderado para enfrentar cada nuevo desafío y disfrutar verdaderamente de la libertad que te mereces.

Entonces, ¿por qué creer en mí? A través de años de coaching, consultoría ejecutiva y escritura sobre psicología y filosofía, he visto casi todas las facetas del comportamiento humano. Trabajando con algunas de las principales empresas del mundo, mentorando a líderes, he vivido y respirado estas técnicas y estrategias. Mi pasión no se limita solo a la teoría —yo practico lo que predico.

Ahí está... *El Poder de Dejar Ir* no es solo otro título de autoayuda; es tu mapa hacia una mente más libre, pensamientos más claros y bienestar emocional que nunca creíste posible. Este viaje que estamos a punto de emprender juntos llega directamente al núcleo de tu ser, profundizando en facetas que quizás solo hayas rozado. ¿Entonces, por qué esperar?

Comienza con el Capítulo 1 para empezar a desentrañar el intrincado laberinto de pensamientos, y apoderémonos de esa paz mental que anhelas. Con cada página, cada ejercicio y cada momento de introspección, estás un paso más cerca de soltar y vivir con la libertad que realmente te mereces.

Parte 1: Comprendiendo las Cadenas

Capítulo 1: La Trampa de la Sobrethinking

"**Sobrethinking** es el arte de crear problemas que ni siquiera estaban allí."

Hablemos de **sobrethinking**. ¡Es algo que todos hacemos, ¿verdad? Esas noches en las que tu mente simplemente no se *calla*. Ya sea analizando una conversación antigua o preocupándote por el futuro, nos quedamos atrapados en este ciclo agotador.

Este capítulo, "La Trampa de la Sobrethinking", tiene como objetivo arrojar luz sobre por qué este hábito puede ser tan astuto y, francamente, agotador. ¿Sabías que, en promedio, una persona tiene alrededor de 70,000 pensamientos al día? ¡Eso es mucho poder cerebral! Exploraremos el **Bucle Infinito de Pensamientos**—qué hace que esos pensamientos reboten en nuestras mentes...

Lo creas o no, un gran jugador aquí es lo que llamamos el **Crítico Interno**. ¿Conoces esa vocecita que siempre te dice que no eres lo suficientemente bueno? Sí, esa misma. Este capítulo también abordará el **Toll Emocional en el Bienestar**, porque, seamos sinceros, es *cansado* estar tanto en tu cabeza.

Reconocer los síntomas es el primer paso para liberarte. Entonces, **Reconocer los Síntomas**... sentirte atascado, preocuparte constantemente o tal vez simplemente un sentido general de agotamiento, son todas señales. ¡Y lo mejor? También vamos a abordar **Romper el Ciclo**.

¿Listo para seguir leyendo? Antes de que te des cuenta, puedes encontrar paz en la tormenta de tu mente... y, en última instancia, un tú más claro y enfocado. ¡Sigue adelante!

El Bucle Infinito de Pensamientos

¿Alguna vez te has sorprendido a ti mismo volviendo una y otra vez sobre el mismo problema? Como si estuvieras constantemente reproduciendo un viejo video en tu cabeza, pensando en aquella vez que dijiste algo incómodo o no hiciste lo que deberías haber hecho. Es bastante común, aunque se siente realmente enloquecedor.

Lo que sucede cuando rumiamos o pensamos demasiado en las cosas, es que quedamos atrapados en **patrones de pensamiento negativos repetitivos**. Estos pensamientos a menudo se centran en eventos pasados que no podemos cambiar. Y les encanta aparecer justo cuando estamos tratando de conciliar el sueño o necesitamos concentrarnos en algo importante. Digamos que cometiste un error en el trabajo hace un año; en lugar de dejarlo ir, sigues reviviéndolo en tu mente. Cada pequeño detalle, cada mirada que alguien te dio... Es como tu propio show de horror personal en repetición. Esta constante repetición mantiene la herida fresca, nunca permitiéndole sanar verdaderamente.

Comienzas a perderte el momento presente. Es como estar físicamente aquí pero mentalmente en otro lugar por completo. Alguien podría estar hablando contigo, pero en realidad no estás escuchando porque estás repasando algo que sucedió hace mucho tiempo. Esto afecta gravemente tu capacidad de conectarte con el aquí y ahora. ¿Alguna vez has estado en una fiesta y en lugar de disfrutar, todo en lo que podías pensar era en aquella cosa embarazosa que hiciste el mes pasado? Eso es lo que sucede cuando no podemos enfocarnos en el presente.

Es un lío tan enredado. Los pensamientos repetitivos te arrastran una y otra vez hacia aquello que te preocupa, y podrías comenzar a creer que las cosas son peores de lo que realmente son. Quedas atrapado en un bucle interminable, casi como estar atascado en un Carrusel que nunca se detiene. Absorbe la alegría del momento y arruina cualquier oportunidad de paz. No puedes cambiar el pasado, pero ahí estás, gastando toda tu energía mental en ello.

A veces te das cuenta de que no has estado prestando atención a lo que te rodea porque estás demasiado atrapado en tu bucle. Nos perdemos lo que realmente está sucediendo: pequeñas alegrías, nuevas oportunidades, conexiones con otros. Realmente es difícil estar presente, ¿sabes? ¿Has notado cuánto más fácil es disfrutar las cosas cuando tu mente no está nublada por errores pasados o arrepentimientos?

Pensar demasiado nos atrapa porque parece que estamos trabajando en un problema, pero a menudo no lo estamos. Estamos reviviendo las cosas que nos lastimaron sin hacer ningún progreso. Como estar en una cinta de correr, corriendo pero sin llegar a ningún lado. Pensar demasiado es seductor; te da la ilusión de actividad mientras te mantiene estancado en el mismo lugar.

Aquí hay algo importante:

"La mente a menudo dirá 'Pensemos esto de nuevo', como si pensar en ello una vez más te protegiera. Pero en realidad, es la forma en que nuestra mente evita lo que hemos pasado."

Nuestros cerebros parecen estar programados para volver atrás en estos pensamientos, casi como si hubiera algo crítico escondido en ese lío que hemos pasado por alto. Y así sigue, haciéndolo difícil para nosotros vivir en el momento.

Una buena forma de avanzar es *ver si estos pensamientos* sirven a algún propósito real. ¿Están ayudándonos a resolver un problema o simplemente haciéndonos miserables? Esta es una pregunta que vale la pena hacer. Porque si solo te está hundiendo, tal vez sea hora de bajarte de esa cinta de correr mental y estar presente en la vida que estás viviendo en este momento.

Puntos clave:

- Estos bucles negativos rara vez ayudan a resolver problemas.

- Reproducir constantemente errores pasados significa perder momentos presentes, ¡algunos de los cuales podrían ser bastante geniales!
- Es difícil pero necesario alejarse de estos patrones si queremos disfrutar de la vida.

¿Cómo liberarnos? Comienza con darte cuenta de que estos pensamientos no ayudan. Luego, cada vez que notes que estás atrapado en ese bucle, recuérdate gentilmente volver al presente. Concéntrate en lo que te rodea. Es una práctica, y lleva tiempo, pero vale la pena.

Espero que eso te haya dado algo en qué pensar... pero no demasiado, ¿verdad?

El Papel del Crítico Interno

En nuestras vidas, esa voz interna que constantemente ofrece opiniones y críticas a menudo parece alta e inevitable. Este es el "crítico interno", una parte de nosotros que juzga todo lo que hacemos. El autojuicio severo, con su negatividad constante, agudiza nuestra atención a los miedos e inseguridades, como tener un entrenador realmente duro que siempre está encima de ti.

Creo que todos hemos tenido momentos donde la autocrítica se descontroló. Podrías empezar a criticarlo todo: cómo manejaste una conversación, lo que llevabas puesto, o incluso tu elección de desayuno. Es como un disco rayado que simplemente no deja de sonar. Cuando el crítico interno amplifica tus miedos e inseguridades, te hace dudar incluso de las cosas de las que estabas seguro hace cinco minutos. "¿Fue suficientemente buena mi presentación?" "¿Realmente les gusto a las personas?" Estas preguntas parecen ridículas cuando se expresan claramente, pero bajo el escrutinio del crítico interno, se convierten en monstruos intimidantes.

Indulgenciar esta negatividad causa más daño del que a menudo paramos a considerar. Nos lleva por un camino donde las dudas comienzan a opacar cada paso, y, antes de mucho, todo parece que podría desmoronarse. Por ejemplo, si siempre estás criticando tu trabajo, te pierdes de reconocer lo que hiciste bien - ensombreciendo logros con negatividad.

"Es fácil ser duro contigo mismo... porque a veces se siente como si la supervivencia dependiera de ello, como si no te mantienes alerta, todo se caerá a pedazos."

Sé que esa sensación de hundimiento puede aplastar seriamente tu autoconfianza. Día a día, el crítico interno desgasta tu creencia en ti mismo. Cuando esta voz sigue susurrando fracaso e indignidad, comienzas a cuestionar tus talentos, tus ambiciones, incluso tu valor como persona. No es sorprendente que muchas personas se sientan paralizadas bajo esta carga.

Los pequeños logros todavía son victorias. Al dejar que el crítico interno tome el control, minimizas estos logros, lo que a menudo conduce a una vida menos exitosa o placentera. Sabes, la autoconfianza no es una victoria de la noche a la mañana; se construye con cada pequeño reconocimiento positivo.

- **Sé consciente**: A veces atraparte en una espiral de negatividad puede ayudar a romper el ciclo. Haz una pausa por un momento cada vez que aparezca ese crítico, y pregúntate si la voz está siendo justa.
- **Desafía las Suposiciones**: ¿Por qué asumir que la presentación fue un fracaso? La idea podría estar más arraigada en la autocrítica que en la realidad.
- **Celebra las Victorias**: No esperes a las grandes victorias. Celebra incluso las pequeñas porque crean un escudo contra la negatividad implacable.

Sinceramente, practicar la autocompasión regularmente puede sentirse casi revolucionario. Superar estos hábitos requiere un esfuerzo constante y deliberado. Puede sonar redundante, pero tratarte con amabilidad debería ser rutinario. Tu crítico interno tendrá menos poder si te vuelves intencional sobre el auto-reconocimiento y la bondad.

Entonces, para ti que estás leyendo esto, saquemos a nuestros críticos internos del 'automático' y hagamos más pausas. No siempre es fácil, y ciertamente no se convierte en arcoíris de la noche a la mañana, pero incluso pequeños cambios pueden empezar a atenuar esa voz crítica. Y esos pequeños cambios? Tienen un gran impacto.

Impacto Emocional en el Bienestar

Abordemos el tema de darle vueltas a las cosas y cómo afecta a nuestro **bienestar emocional**. Darle vueltas seguramente cobra un peaje. El incremento de **estrés** y **ansiedad** son generalmente las primeras señales de que estás en lo profundo. Piensa en aquellas veces en las que te preocupaste sin parar por algo insignificante, simplemente no podías dejarlo... ¿el estrés, verdad? Hombre, ese estrés parece colarse en todo lo que haces, ¿no es así?

Y con el estrés, está su molesto amigo: la ansiedad. Dudas surgen sobre las decisiones más pequeñas, haciéndote sentir incierto. ¿Estás empeorando las cosas? Se siente interminable. El **impacto emocional** se vuelve más pesado, como añadir ladrillos a una mochila.

Después, hay que hablar sobre el camino al que esto nos lleva: sentimientos de impotencia y desesperación. ¿Te suena familiar? Cuando quedas atrapado en un patrón de darle vueltas a las cosas, a veces simplemente te sientes "atascado". Todo se siente abrumador, y es un rápido desliz hacia sentir que no puedes controlar nada. Esto no es solo un pequeño cambio de humor... es más profundo. Te arrastra hacia abajo, y de repente el mundo parece plagado de problemas que parecen imposibles de resolver. Es como si estuvieras luchando contra un enemigo invisible todos los días.

"Y ¿cómo afecta también físicamente—nuestras mentes y cuerpos están más conectados de lo que nos gustaría admitir?" La preocupación aumentada lleva a todo tipo de señales físicas; dolores de cabeza, noches de insomnio, incluso el temido malestar estomacal persistente. El cuerpo, bajo estrés frecuente, no puede evitar manifestar esas batallas emocionales tangiblemente. ¿Alguna vez has intentado tener un buen día después de una noche sin dormir? Casi imposible.

Oh, y hablemos sobre esas hormonas de estrés aumentadas. Cuando estás constantemente en modo de darle vueltas, tu cerebro envía numerosas señales de estrés, aumentando la producción de cortisol. Un alto cortisol constante es malas noticias para tu salud; puede llevar a presión arterial alta, aumento de adiposidad... No es el tipo de cosas con las que quieres viajar.

Aquí va un pensamiento: nota cómo los síntomas físicos rebrotan—cuanto menos estreses, mejor te sientes físicamente también. Es increíble lo rápido que nuestros cuerpos pueden reequilibrarse cuando nuestras mentes siguen una ruta más saludable, menos frenética.

¿Quieres algunos consejos inmediatos para llevar contigo? De acuerdo, aquí vamos:

- **Respira profundamente:** Muy simple, pero puede ser increíblemente centrador.
- **Ejercicio físico:** No necesitas un entrenamiento completo; una caminata enérgica puede ayudar a despejar los pensamientos que te asaltan.
- **Escríbelo:** Volcar tus preocupaciones en papel puede aclarar las cosas y frenar el torbellino mental.

"Se trata de avanzar, por pequeño que parezca; cada paso cuenta."

También, un reconocimiento a nuestros cuerpos—tan resilientes y tan rápidos para alertarnos. Cuando tu cerebro está sobrecargado, escucha. Presta atención a esas señales de estrés. Están ondeando banderas, tratando de llamar nuestra atención por una buena razón. La mente cojea y luego el cuerpo tropieza, como fichas de dominó dispuestas a caer una tras otra.

Dar sentido a estos efectos puede que no inicie una revolución laboral o nos libere de cada preocupación... pero es un punto de partida. Estrategias que se ponen en movimiento poco a poco, ganan pequeñas batallas. Reconstruimos nuestros días más conscientes, más conscientes.

Entonces, acerquémonos a esta idea: darle vueltas a las cosas no sirve a ningún amo y ciertamente no a nosotros. Comencemos a comprender su **impacto emocional**, su alcance invasivo en cómo vivimos, sentimos y (tratamos de) prosperar. Lentamente, nos acercamos a reconocer lo impactante que es, y rompamos poco a poco.

Reconociendo los Síntomas

La sobrethinking puede surgir de maneras que quizás ni siquiera notes al principio. Si alguna vez te has visto atrapado en una preocupación persistente y dudas, no estás solo. Es como si hubiera esta vocecita en el fondo de tu mente que nunca deja de hablar. "¿Y si hice esto mal? ¿Debería haberlo hecho de manera diferente?" Los pensamientos molestos siguen dando vueltas y vueltas, como un carrusel. Se lleva tu energía mental, haciéndote sentir agotado incluso antes de comenzar el día. La preocupación y la duda pueden desgastarte y hacer que cada decisión se sienta monumental, y créeme, eso no es divertido.

Pero eso no es todo lo que hace la sobrethinking. También afecta tu sueño. Resolver cada ángulo posible en tu cabeza te mantiene despierto toda la noche, ¿quieres dormir? Qué lástima, estos pensamientos tienen otros planes. Puedes encontrarte dando vueltas en la cama, la mente simplemente no se apaga. Cuanto más intentas dormir, más esos pensamientos regresan. La alteración del sueño no se trata solo de conciliar el sueño, también se trata de mantenerse dormido y tener un sueño reparador. Cuando no puedes descansar adecuadamente, arruina tu día entero. Puedes sentirte confuso y hacer frente al trabajo o la escuela se convierte en una tarea titánica. El ciclo continúa; la falta de sueño te hace más propenso a la sobrethinking, y más sobrethinking arruina aún más tu sueño.

Luego está la dificultad para tomar decisiones. Cuando estás atrapado en una tela de araña de intromisión excesiva, cada elección, por pequeña que sea, puede empezar a sentirse como vida o muerte. Puedes quedarte parado en tu despensa, reflexionando sobre qué cereal desayunar durante más tiempo del que realmente toma comérselo (¿no hemos estado todos allí?). El sopesar los pros y los contras puede ser paralizante. Quizás piensas que tomarás la decisión equivocada, temes los arrepentimientos del mañana, y se siente más seguro quedarse congelado, no haciendo nada en absoluto.

"Los sobrepensadores a menudo se enredan buscando la decisión perfecta mientras dudan de cada elección que hacen."

Se trata de quedar atrapado en ciclos interminables de "¿Y si?" y "¿Debería?" Te vuelves temeroso de actuar, de avanzar. Las horas pasan sin darte cuenta, y antes de que te des cuenta, el día entero ha pasado. Tu productividad se ve afectada, las relaciones pueden empezar a sufrir, y puede sentirse aislante, como si fueras el único lidiando con esta basura cuando en realidad, está lejos de ser cierto.

Reconocer estos síntomas es el primer paso (no solo digo eso). Si te preocupas mucho, no puedes dormir bien, luchas para tomar decisiones, tal vez sea hora de enfrentar estas cosas de frente. No tienes por qué sufrir en silencio o pensar que eres único en esto, todos hemos estado allí en algún momento u otro.

- ***Preocupación Persistente y Dudas***
- ***Alteraciones del Sueño***
- ***Dificultad para Tomar Decisiones***

Son pasos que te muestran dónde necesitan llegar los cambios. Estás haciendo progresos significativos solo al notar estos síntomas porque la autoconciencia es el punto de partida para avanzar.

Comprometerse a detener la sobrethinking puede parecer una tarea monumental en este momento, pero los pequeños cambios pueden marcar la diferencia. Cada pequeño paso cuenta.

Rompiendo el Ciclo

¿Cansado de que tu cerebro se descontrole con pensamientos negativos? ¡Es agotador, ¿verdad? Así que, veamos cómo desafiar esos molestos pensamientos negativos que simplemente no se detienen. Cuando esa vocecita en tu cabeza te dice "No soy lo suficientemente bueno", es hora de hablar (aunque sea solo en tu cabeza). Dite a ti mismo, "Eso simplemente no es cierto." Piensa en todas las veces que has demostrado lo contrario (sabes que tienes esa evidencia en algún lugar).

Aquí hay un truco sencillo: cada vez que notes un pensamiento negativo surgiendo, pregúntate a ti mismo, "¿Diría esto a mi mejor amigo?" Si la respuesta es "de ninguna manera", probablemente sea hora de ser un poco más comprensivo contigo mismo. Este tipo de autoconversación ayuda a reconocer que no todos los pensamientos que tenemos son la verdad absoluta.

Luego, está la atención plena. **Imagínate a ti mismo** estando aquí mismo, en este momento, sin revivir ese momento incómodo de la semana pasada o preocupándote por la gran reunión de mañana. La atención plena se trata de permanecer presente y sintonizar lo que está sucediendo en este momento. En lugar de perderse en un mar de preocupaciones (aunque suene bastante agradable, ¿verdad?), concéntrate en el sol en tu rostro, el sabor de tu café o tu respiración entrando y saliendo. Cuando estás completamente presente, es más difícil que esos pensamientos molestos controlen tu mente. Es como darle a tu mente un descanso de relajación sin siquiera tener que reservar unas vacaciones.

Para actividades de atención plena, es útil probar:

- **Respiración profunda**
- **Meditación de bondad amorosa**
- **Caminar con atención plena (sí, en serio, solo caminar pero prestando atención a tu entorno)**

Ahora, hablemos de estrategias de afrontamiento. Cuando te sientes abrumado, es crucial tener métodos de afrontamiento positivos listos para usar. Las estrategias positivas pueden ser establecer pequeñas metas alcanzables, escribir tus pensamientos en un diario (poner esas preocupaciones molestas en papel puede evitar que den vueltas en tu cabeza) o incluso actividades físicas sencillas como correr.

Hablando de eso, el ejercicio no solo es bueno para tu cuerpo, es como un bálsamo calmante para tu mente (¿quién lo hubiera pensado?). A veces, el movimiento físico ayuda a romper el ciclo de pensamientos excesivos porque cambia tu enfoque de lo que está en tu cabeza a lo que está sucediendo en tu cuerpo.

Podrías:

- Ir al gimnasio
- Tomar una clase de yoga
- Unirte a una liga local de fútbol

Alerta de concepto importante: Acción positiva + notar los pensamientos + estar presente = romper el hábito de sobre pensar. Es matemática simple, créeme.

¿Alguna vez has intentado escribir lo que te preocupa? Esto puede ayudar a organizar un poco mejor tu mente. Una vez que está en papel, tu cerebro podría dejar de dar vueltas en torno a eso.

"A veces, no importa cuánto te preocupes por algo, no cambiará el resultado. La aceptación es clave."

Cada día es una oportunidad para empezar de nuevo. Es importante creer en el proceso, incluso cuando sientes que estás corriendo en una rueda de hámster. Sí, requiere práctica y consistencia, pero ¿no valen la pena los esfuerzos menores para lograr una mente clara y pacífica?

En esencia, tria esos pensamientos, arráigate a ti mismo y desarrolla estrategias para lidiar con el estrés. Tienes las herramientas justo aquí mismo, tómalo paso a paso. Y oye, está bien si no sucede de la noche a la mañana. Gradualmente, con persistencia (y tal vez un poco de paciencia), dominarás el arte de romper el ciclo.

Capítulo 2: Raíces del Miedo y la Ansiedad

"Lo único que tenemos que temer es al miedo mismo."

¿Qué es el **miedo**? ¿Y por qué se asocia tan estrechamente con la **ansiedad**? Piensa por un momento: ¿con qué frecuencia tus pensamientos han girado sin control, causando un nudo en tu estómago o una sensación de temor? Estos sentimientos tienen raíces más profundas de lo que podrías darte cuenta...

Este capítulo indaga en los **orígenes psicológicos** de tus miedos y ansiedades. ¿No es fascinante cómo nuestras mentes elaboran estas respuestas? Tal vez te hayas preguntado por qué tiendes a pensar demasiado, permitiendo que el miedo crezca cada segundo. Aquí exploraremos esa conexión.

Luego, vienen las **respuestas al miedo**. ¿Por qué te quedas paralizado o sientes tu corazón latiendo en tus oídos? ¡Una vez más, nuestras mentes en juego! El objetivo no es asustarte, sino iluminar estas respuestas (para que no parezcan tan... aterradoras).

Comprender esto te preparará para abordar esas ansiedades centrales con las que luchas a diario. ¿No sientes que ganar control es como deshacer lentamente un nudo de una cuerda enredada?

Finalmente, (y lo más importante) este capítulo presenta algunas **estrategias iniciales para manejar** tus miedos. Imagina pasar las páginas para encontrar esos pequeños pasos que te llevan a la calma y la confianza...

¿Ya estás curioso? ¡Sigue leyendo! El camino en el que estás es increíblemente esclarecedor... y algo sobre ti mismo podría sorprenderte.

Orígenes Psicológicos

¿Entender por qué sentimos **miedo** y **ansiedad**? Comienza muy, muy atrás. La base evolutiva del miedo nos da algunas pistas. Imagina, los primeros humanos—nuestros ancestros—necesitaban detectar amenazas rápidamente para sobrevivir. Tal vez eran depredadores acechantes o peligros naturales repentinos. Sus cerebros se sintonizaron finamente para notar y reaccionar ante cosas aterradoras, rápidamente. Esta respuesta de lucha o huida les ayudó a mantenerse con vida. Las fotos de animales gruñendo hacen que nuestros corazones se aceleren incluso hoy, demostrando que esa parte de la evolución ha perdurado.

Ten en cuenta que, si bien la evolución nos dio las herramientas, las cosas que causan miedo han cambiado con el tiempo. Por lo general, no nos enfrentamos a depredadores—bueno, a menos que consideres las interacciones sociales incómodas como los nuevos tigres de dientes de sable.

Esa no es la historia completa. Las raíces del miedo también se desarrollan a partir de comportamientos y experiencias aprendidos. Los niños aprenden el miedo de la misma manera en que aprenden la mayoría de las cosas: observando a otros. Si los padres, maestros o cualquier persona significativa en sus vidas reaccionan nerviosamente ante situaciones específicas, los niños captan la señal. Es como copiar emociones. Heredan trincheras en sus mentes, cavadas por las personas que los criaron.

Luego está la experiencia personal. Si algo malo, o incluso algo un poco malo, sucede, puede actuar como una semilla. Con el tiempo, más cosas se vinculan con ese recuerdo... eventualmente, estas pequeñas semillas se convierten en arbustos espinosos de miedo y ansiedad. Piénsalo de esta manera: cualquiera que haya tenido una caída aterradora puede descubrir que las alturas hacen que su valentía se desmorone a partir de entonces. (Honestamente, incluso yo evito las escaleras).

La crianza y el entorno dan forma a otra capa. Supongamos que creciste en un hogar acogedor y positivo—con padres de apoyo y buenas vibras—tiendes a desarrollar una cierta resistencia al estrés. Por otro lado, un niño rodeado de caos o negligencia ve el mundo como impredecible, a menudo inseguro, lo que desencadena más miedos y ansiedades.

Las condiciones de vida también influyen. ¿Vecindario seguro? Menores temores cotidianos. ¿Entorno inestable? Eso mantiene los sentidos alerta. Vaya, una vez viví al lado de una calle famosa por los robos de autos—era como una constante sensación de 'algo malo podría pasar'. Los comportamientos aprendidos siembran, el entorno los nutre y, voilà, comienza a crecer una pequeña planta de ansiedad.

Pero oye, esto no es brujería científica—podemos luchar entendiendo qué alimenta nuestro miedo y ansiedad.

"El miedo es el asesino de la mente... la pequeña muerte que trae consigo la aniquilación total."

Aunque la fatalidad y la tristeza puedan parecer interminables, date cuenta de que estos miedos provienen de raíces específicas—sea por instintos evolutivos de todas formas. Comprender el origen ayuda a exponer los miedos irracionales, dándonos una oportunidad más clara de abordarlos. Tu infancia no siempre te dio una elección, pero tomar conciencia puede ser el comienzo de un cambio duradero. Te das cuenta de que no hay un tigre de dientes de sable detrás del estrés laboral. Ayuda.

Llevamos el pasado a nuestro presente y futuro de muchas maneras... pero exponer viejas raíces evita que se enreden en todo el jardín por igual. Avanzar se vuelve más fácil. Espera que estos viejos patrones se resisten al cambio al menos, han estado por un largo tiempo. Con un poco de trabajo, ves progreso.

Es bastante simple. Nuestros ancestros nos equiparon, nuestros comportamientos aprendidos nos moldean y nuestra crianza nos enmarca. Sin embargo, nada está fijo en concreto—puedes darle forma a lo que el miedo significa para ti y manejarlo mejor. Así que, para sacar un último pensamiento de esta charla: **abordar el miedo con conocimiento realmente funciona.**

Conexión con la Sobrethinking

Sobrethinking... es curioso cómo te sorprende cuando simplemente estás tratando de llevar a cabo tu día. Estás desayunando y boom—de repente estás repasando esa conversación incómoda que tuviste hace una semana en el trabajo. ¿Te suena familiar, verdad? Esto es parte del ciclo de **rumiación** más amplio, donde constantemente volvemos a vivir situaciones en nuestra cabeza, adentrándonos más en el lío de los "y si" y "debería haber".

Aquí hay algo que puede alimentar la rumiación—**distorsiones cognitivas**. Imagina que llevas gafas que distorsionan todo a tu alrededor; convierten un problema pequeño en un problema colosal. Las distorsiones cognitivas, como el pensamiento en blanco y negro o la personalización, hacen que las cosas parezcan peores de lo que son. Engañan a tu mente, empujándote a enfocarte únicamente en los aspectos negativos. "¿Alguna vez has sentido que todos en una reunión solo vieron tu error?" Lo más probable es que sean estas distorsiones las que estén en juego.

La sobrethinking está estrechamente relacionada con la **ansiedad**, y no sin razón. Cuando estás atrapado en un ciclo de rumiación, los niveles de ansiedad se disparan, haciendo que cada problema parezca enorme. Es un ciclo vicioso. La ansiedad alimenta la sobrethinking, lo que a su vez eleva tu ansiedad, atrapándote en un bucle difícil de romper. Podrías empezar a sentir "¿Cómo voy a solucionar esto alguna vez?" o "¿Y si esto nunca mejora?" Cada giro del pensamiento amplifica el estrés, arrastrándote más profundamente en la preocupación.

También está ese anhelo de **perfeccionismo** acechando detrás de todo esto. ¿No es agotador querer que todo sea perfecto? Aquellos de nosotros que tendemos hacia el perfeccionismo somos especialmente propensos a la sobrethinking. Volvemos a verificar, verificamos tres veces, nos estresamos por detalles que nadie más nota. Esta necesidad de controlar todo a nuestro alrededor proviene en gran medida de la ansiedad por cometer errores. "No puedo permitirme cometer un error," gritan nuestras mentes... empujándonos a desmenuzar cada pequeña cosa que hemos hecho.

Pero, hay un giro. Intentar controlar cada aspecto solo aumenta la ansiedad. Cuando la vida no se alinea con nuestras expectativas, puede ser bastante difícil. Nuestras mentes luchan con preguntas como "¿Dije lo correcto?" o "¿Fue esa decisión la mejor?" Estas provienen de querer evitar errores y mantener el control—dos impulsores clave de la sobrethinking.

Aquí está la cosa a tener en cuenta: la sobrethinking es realmente solo la inercia en funcionamiento. Te mantiene en el mismo lugar, revolviendo los mismos pensamientos una y otra vez. Los esfuerzos por controlar las circunstancias se convierten en la principal causa de nuestro estrés. Como alguien sabiamente dijo:

"La sobrethinking es el arte de crear problemas que ni siquiera estaban allí en primer lugar."

Entonces, ¿qué está sucediendo aquí?

Para aquellos atrapados en este ciclo, sé amable contigo mismo. Identifica tus propias **distorsiones cognitivas**. Es como cambiar un interruptor cuando las notas—de repente, las cosas pueden empezar a verse diferentes. Reconoce que eres humano; los desafíos surgen, y pasan. ¿Tu ardiente búsqueda de la perfección? Úsala sabiamente. Transfórmala de una fuente de ansiedad a motivación para acciones que realmente puedes controlar.

Aquí hay algunos pensamientos para tener siempre presentes:

- Deja de desmenuzar cada error.
- Permite espacio para las imperfecciones.

- Atrapa esos pensamientos exagerados y llámalos por su nombre.

Al hacer estos ajustes, encontrarás un poco de ese control que tanto deseas... sin la carga de la perfección o la rumiación interminable. Tus pensamientos más brillantes vienen, no de la preocupación, sino de la paz.

Explicación de las Respuestas al Miedo

Entender el **miedo** no es complicado, pero afecta muchas partes de la vida. **Veamos** cómo reacciona nuestro cuerpo. Quizás hayas escuchado sobre la lucha, la huida y la congelación, estas son las principales formas en las que respondemos al **miedo**.

Cuando te enfrentas a algo aterrador, tu cuerpo libera **adrenalina**. Es como si tu sistema de alarma incorporado se activara. Las personas quieren correr (huida), prepararse para pelear (lucha), o simplemente quedarse allí, incapaces de moverse (congelación). Mayormente no eliges. Tu cuerpo es tan rápido decidiendo qué hacer que ni siquiera llegas a pensarlo. Todo se trata de **sobrevivir**.

Ahora, ¿qué sucede en tu cuerpo cuando tienes miedo? Tu corazón comienza a latir como un tambor. ¿Has notado que te pones sudoroso o que tienes manos temblorosas? Todo forma parte de ello. Algunas personas sienten que sus músculos se tensan. Es hora de prepararse para enfrentar el peligro.

Este estado constante, vivir como si estuvieras a punto de ver peligro, se refleja en cómo tomas decisiones. No es ideal, ¿verdad? Cuando estás asustado, el pensamiento lógico puede pasar a un segundo plano. El cuerpo está tan ocupado preparándose para luchar, huir o congelarse que tomar grandes decisiones o incluso pequeñas se vuelve difícil. No estás realmente tranquilo y sereno.

Imagina intentar resolver un problema de matemáticas mientras un león te mira fijamente. Difícil, ¿verdad? Las decisiones bajo **miedo** son así. El **miedo** puede nublar la mente. **Incluso decidir qué comer para el almuerzo parece demasiado grande cuando todo dentro de ti se siente en alerta máxima.** Este estrés no es solo mental, vive en tus músculos, en tu corazón, incluso en cómo respiras.

Definitivamente hay un impacto en las decisiones a largo plazo también. Puedes evitar riesgos, no porque sean malos, sino porque el **miedo** te hizo elegir la ruta segura. Para algunos, esto lleva a arrepentimientos por oportunidades perdidas. Dudaste y ahora a veces todo lo que puedes hacer es preguntarte sobre los "qué hubiera pasado si..."

Enumeremos algunos signos fisiológicos del **miedo**:

- Ritmo cardíaco acelerado
- Palmas sudorosas
- Manos o rodillas temblorosas
- Boca seca
- Músculos tensos

Comprender estos signos ayuda, ya que cuando los reconoces en ti mismo, o incluso en otros, es más fácil ser amable y compasivo. No estás siendo simplemente tímido o perezoso, tu cuerpo te está preparando para enfrentar lo que cree que es una gran amenaza.

"El miedo puede mantenerte encerrado en una jaula o puede encenderte una hoguera para que avances, cada situación de quema es única."

Bastante fácil de relacionar, ¿no? Ya sea que estemos parados, huyendo o preparándonos para una batalla confrontacional, nuestros cuerpos tratan los desafíos cotidianos como si fueran bastante épicos. Todo se ve influenciado por cuán asustados nos sentimos por dentro.

La próxima vez que notes un corazón palpitante o palmas sudorosas, haz una pausa por un segundo. Es simplemente el sistema de **miedo** de tu cuerpo, preparándose para la acción, incluso cuando no lo necesitas. Saber esto puede disminuir un poco el volumen del **miedo**, ayudando a tomar mejores decisiones en momentos difíciles, decisiones que de otra manera parecerían imposibles.

Mantén bajo control estas reacciones; acabarás viviendo una vida más tranquila, menos reactiva y menos guiada por **miedos** ocultos.

Abordando las Ansiedades Centrales

Entonces, ¿conoces esa sensación persistente que roe en el fondo de tu mente? ¿Aquella que parece estar siempre merodeando, esperando salir en el momento en que las cosas se calmen? Sí, vamos a llegar al fondo de eso.

Identificar las causas raíz es como hacer trabajo de detective. ¿Qué desencadenó esta espiral de preocupación en primer lugar? Tal vez fue algo en tu infancia o quizás un evento particular en el trabajo. ¿Fue un comentario que alguien hizo sobre tus habilidades o tal vez una sensación fugaz de temor que nunca desapareció del todo? Precisar estos orígenes no es necesariamente fácil, pero es crucial. A veces, poner nombre a lo que sientes ayuda a que el miedo parezca un poco menos monstruoso. ¿Verdad que cuando sabes a qué te enfrentas, se vuelve un poco menos desafiante?

Otro elemento clave de este rompecabezas es diferenciar entre miedos racionales e irracionales. Imagina que estás caminando en el bosque y escuchas un crujido, ¿deberías asustarte por un oso, o probablemente sea solo una ardilla? Los miedos racionales tienen una base en la realidad. Los miedos irracionales, en cambio, a menudo se arraigan en escenarios de "qué pasaría si" que nunca llegan a suceder. ¿No te has preocupado por cosas que nunca ocurrieron en realidad?

Aquí hay una forma rápida de diferenciar entre los dos:

- **Miedos Racionales:** Basados en hechos o experiencias previas. ("He visto que esto sucede antes.")
- **Miedos Irracionales:** Arraigados más en la imaginación que en la realidad. ("¿Y si esto sucede?")

Ayuda enormemente preguntarse, "¿Este miedo me está ayudando o perjudicando?" Si es un callejón oscuro por la noche, tu miedo podría mantenerte a salvo. Pero si te preocupa que una nave espacial caiga sobre tu casa, probablemente no sea tan útil.

Continuando, hablemos un poco sobre construir resiliencia y habilidades para hacer frente. Piensa en la resiliencia como la capacidad de recuperarse de contratiempos. Todos enfrentan obstáculos en el camino, pero es cómo respondes lo que realmente cuenta. Entonces, ¿cómo mejorar en esto?

Una estrategia efectiva es aprender a reformular tus pensamientos. En lugar de pensar, "¿Por qué siempre me pasa a mí?" podrías cambiarlo y preguntar, "¿Qué puedo aprender de esto?" Suena cursi, pero en realidad funciona bastante bien. Y combinar esto con prácticas de mindfulness? Oro puro. La atención plena puede entrenarte para enfocarte en el 'ahora', ayudándote a evitar caer en los 'qué pasaría si' y 'debería haber hecho'.

Además, no subestimes el poder de los pequeños hábitos. El ejercicio, el sueño y la dieta no solo mantienen tu cuerpo sano, también ayudan a mantener tu mente en equilibrio. Incluso pequeñas caminatas o momentos breves para respirar profundamente pueden marcar una gran diferencia.

Aquí hay algo en qué reflexionar:

"No es la carga lo que te rompe, sino la forma en que la llevas."

Lidiar con algo pesado no es el problema; es usar la técnica incorrecta. Pequeños cambios en cómo piensas y te comportas realmente pueden aligerar la carga. Nadie dice que tienes que ser perfecto, pero pequeños pasos hacia adelante pueden sumar cambios significativos con el tiempo.

En resumen, al abordar las raíces de tus miedos, distinguir las amenazas reales de las imaginarias y fortalecer tus mecanismos de afrontamiento, te estás armando con herramientas para manejar la ansiedad de manera más efectiva. No solucionará todo instantáneamente, y seguirán habiendo días difíciles, pero con estas estrategias, también encontrarás más días buenos.

Estrategias iniciales para el manejo

Bien, vamos directo a algunas técnicas efectivas que puedes usar para manejar la ansiedad y el miedo. Estas estrategias son sencillas y pueden proporcionar un alivio inmediato.

Las **técnicas de reestructuración cognitiva** realmente se tratan de atrapar ese pensamiento negativo, retorcerlo y verlo desde otro ángulo. Piénsalo de esta manera: cuando estás estresado por algo, ¿no estás a menudo imaginando el peor escenario? ¿Pero qué pasaría si en lugar de eso, pudieras tomar esos pensamientos y decir, "Espera, ¿esto es realmente cierto?", o "¿Qué otra forma hay de ver esto?"

Intenta esto la próxima vez: Escribe ese pensamiento ansioso, luego desafíalo. Por ejemplo, si piensas, "Voy a fallar en el trabajo", pregúntate a ti mismo, "¿Tengo pruebas?" "¿Qué es más realista?" A menudo descubrirás que tus miedos tienen más que ver con el sentimiento que con los hechos.

Ejercicios de enraizamiento son otra herramienta útil, especialmente si necesitas un alivio rápido del pánico inmediato. El método 5-4-3-2-1 es bastante popular y simple.

Así es como funciona:

- **5:** Reconoce cinco cosas que ves a tu alrededor.
- **4:** Toca cuatro cosas.
- **3:** Identifica tres sonidos que escuchas.
- **2:** Reconoce dos olores.
- **1:** Nota una cosa que saboreas.

Hacer esto te saca de tu cabeza y te lleva al momento presente, cambiando tu enfoque a lo que es real e inmediato. Es sorprendentemente calmante.

Establecer límites y estrategias de autocuidado también pueden marcar una gran diferencia. Muchas personas subestiman esto. Piensa en los momentos en los que te sientes abrumado... a menudo es porque no has protegido tu energía o tu tiempo. Establecer límites significa que está bien decir "No" cuando lo necesitas. Si te estás comprometiendo demasiado, pregúntate por qué. Tal vez sea presión social o miedo a perderse algo. Pero aprender a priorizar lo que realmente importa puede traer una sensación de control.

El autocuidado tampoco tiene que ser elaborado. Pasos básicos como dormir lo suficiente, comer bien y tener un poco de tiempo libre importan. Por ejemplo, pregúntate: "¿Cuándo fue la última vez que tomé un descanso real?" Es fácil quedar atrapado en tareas interminables sin pausas. Haz un esfuerzo por dedicar algo de tiempo para lo que te relaja, ya sea leer un buen libro, dar un paseo o simplemente respirar profundamente.

Establecer límites y el autocuidado realmente se reduce a respetarte a ti mismo. Piénsalo — es como dice esta cita:

"Tienes que cuidarte a ti mismo antes de poder cuidar a los demás."

Cuando tu copa está llena, eres más efectivo en todo lo demás. Así que, no lo veas como egoísta; es esencial.

Usa estas bases para darte una ventaja en el manejo del miedo y la ansiedad. Claro, no hay una solución única para todos, pero estos puntos de partida pueden ser increíblemente prácticos. Están aquí para recordarte que manejar la ansiedad no tiene que ser abrumador. Todos somos capaces de dar pequeños pero significativos pasos que marcan una gran diferencia. Entonces, ¿por qué no empezar ahora?

Aquí tienes un resumen rápido con estos puntos:

- Desafía pensamientos negativos
- Usa ejercicios de enraizamiento
- Establece límites firmes
- Practica el autocuidado

Ve despacio, sé paciente y no seas demasiado duro contigo mismo. Cada pequeño paso cuenta.

Capítulo 3: Heridas emocionales y su impacto

"¿Qué heridas sanaron alguna vez excepto poco a poco?"

Hablemos de algo que todos hemos sentido antes: las **heridas emocionales**. Piensa en momentos en los que palabras amables o comentarios duros permanecieron en tu mente mucho después de ser dichos. Las **cicatrices emocionales** moldean quiénes somos y afectan nuestros pensamientos diarios. ¿Por qué duele más un simple comentario algunos días? No estás solo en preguntarte.

¿Alguna vez te has sentido atrapado en una espiral negativa? Como si un mal pensamiento llevara a otro, y todo pareciera abrumador. Este capítulo es para ti. Nuestras heridas pasadas juegan un papel astuto en nuestra mentalidad actual. Reconocer estos patrones es el primer (y muy importante) paso hacia la **sanación**.

Veremos cómo podemos empezar a identificar las **cicatrices emocionales** y entender el **impacto** que tienen. Los pequeños pasos son importantes aquí, incluso pasos de bebé. Una vez que empezamos a ver esto, la recuperación no parece tan imposible. (Yo también lo he vivido.)

Al final del capítulo, te sentirás un poco más ligero, con formas prácticas de sanar y crecer. Así que, vamos a analizarlo y comenzar esta importante discusión en... las próximas páginas. ¿Listo para encontrar algunas respuestas? ¡Vamos!

Identificando Cicatrices Emocionales

Reconocer el dolor del pasado puede ser complicado. Las viejas heridas pueden no gritar pidiendo atención, pero a menudo persisten debajo de la superficie. Estas cicatrices pueden surgir cuando menos lo esperas, haciendo la vida más difícil de lo que realmente debería ser. ¿Alguna vez has sentido ese repentino pinchazo cuando alguien dice algo que te golpea muy de cerca? Sí, eso es tu pasado acechándote.

Los desencadenantes juegan un papel importante aquí. Algo pequeño, aparentemente insignificante, una vieja canción, un olor particular, o simplemente un comentario al azar, pueden transportarte de vuelta a un momento doloroso. Es como si alguien estuviera presionando un moretón que no sabías que aún tenías. Comprender tus desencadenantes es crucial. Si sabes qué te afecta, ya estás un paso adelante en el juego. A veces no conoces estas cosas hasta que estás en medio de ello, sintiéndote mucho más alterado de lo que la situación normalmente requeriría... entonces te das cuenta: esto se trata de algo más, algo de otro momento o lugar.

Conocer los desencadenantes también ayuda a evaluar cómo estas **cicatrices emocionales** influyen en tu vida diaria. Piénsalo, ¿cuántas veces has reaccionado de manera exagerada a algo que no debería haber sido un gran problema? O tal vez has reaccionado de manera insuficiente porque, bueno, anestesiarte es más fácil. Son estas cicatrices invisibles las que trabajan, dictando tus respuestas, generalmente sin que te des cuenta siquiera.

Encuentro que es realmente útil hablar de las cosas, incluso si es solo contigo mismo. Siéntate, toma un café (o té, si eso es más lo tuyo), y reflexiona sobre lo que realmente te molesta. Apúntalo si eso ayuda... haz una lista de esos molestos desencadenantes. Tal vez sea ese ex que siempre aparece en conversación, o ese antiguo jefe que nunca apreció tus esfuerzos. Sea lo que sea, sacarlo a la luz lo convierte de un capricho subconsciente a algo con lo que puedes lidiar.

Piensa en algunas áreas importantes en la vida:

- **Relaciones Personales**: ¿Estás sacando conclusiones precipitadas, tal vez leyendo demasiado en las palabras o acciones de otras personas?
- **Trabajo**: ¿Te estás perdiendo oportunidades porque dudas de ti mismo o temes la crítica?
- **Bienestar General**: ¿Estás emocionalmente agotado, quizás evitando nuevas situaciones solo para mantener la seguridad?

Aquí hay algo en lo que pensar:

"Cada vez que te encuentras con un desencadenante emocional, se te brinda la oportunidad de comprender y trabajar a través de un pedazo de tu pasado."

Esto realmente me llegó. Cada vez que te enfrentas a ese desencadenante y reflexionas sobre él, le quitas poder, pedazo a pedazo.

Reconocer estas cicatrices no te hace débil. Muy al contrario, en realidad te da control. Es como encender una luz en una habitación oscura, sí, ves todo el desorden, pero al menos puedes empezar a limpiar.

La vida no debería estar gobernada por fuerzas invisibles del pasado. Cuanto más identifiques y comprendas estas cicatrices emocionales, menos aparecerán inesperadamente para arruinarte el día. Comienza poco a poco, sé paciente contigo mismo. Todos llevamos algo de equipaje; es cómo lo manejas lo que marca la diferencia.

Cómo las heridas pasadas moldean los pensamientos actuales.

Es increíble cómo nuestro pasado puede jugar con nuestras mentes hoy en día. Piénsalo... una vieja herida, tal vez de la infancia o una ruptura difícil, de repente aparece cuando estás estresado por el trabajo o te sientes inseguro en una nueva relación. Es casi como si estas heridas pasadas llamaran a la puerta, sin ser invitadas, exigiendo atención.

Una forma importante en que esto sucede es a través de patrones de pensamiento negativos recurrentes. ¿Alguna vez has notado cómo puedes ser tu propio peor crítico? Eso probablemente esté relacionado con esas experiencias anteriores. Quizás sentiste que no eras lo suficientemente bueno de niño, por lo que, como adulto, esos mismos pensamientos surgen cada vez que te enfrentas a un desafío.

Aquí tienes algunos pensamientos negativos comunes desencadenados por traumas pasados:

- "Siempre fracaso."
- "Las personas no son de fiar."
- "No merezco la felicidad."

Estos pensamientos no surgen de la nada. Tienen raíces... raíces profundas que provienen de cosas que probablemente ni siquiera hayas pensado en años. Pero esas experiencias todavía te están influenciando.

Otra cosa a tener en cuenta es cómo estos eventos pasados crean miedos y ansiedades presentes. Por ejemplo, si sufriste acoso escolar, puede hacer que las interacciones sociales sean complicadas incluso hoy. ¿Problemas de confianza? Podrían provenir de una traición de la que nunca te recuperaste realmente. Si nunca te dijeron que te amaban o que eras especial, podría dejarte una marca, haciéndote siempre cuestionar si eres digno de amor (pista: lo eres).

Pero vamos al meollo del asunto, ¿por qué sucede esto? El trauma de alguna manera establece un programa en nuestro cerebro, haciéndonos ver amenazas similares en todas partes. Cuando alguien piensa que está de vuelta en esa situación complicada, entra el miedo.

"La mente repite lo que el corazón no puede borrar."

Esto nos lleva a una gran realización: el trabajo de tu cerebro es protegerte. Mantenerte a salvo. Y parte de ese mecanismo de protección es recordarte dónde te lastimaste antes para que puedas evitar que vuelva a suceder. Es como tener un GPS del pasado, pero en lugar de guiarte, a veces simplemente te atrapa en bucles.

Te enredas en viejos miedos, miedo al fracaso, al rechazo o a ser herido de nuevo. Estos miedos podrían impedirte hacer lo que quieres porque tu cerebro está atrapado en el modo de '¿y si?' Sigue lanzándote advertencias, esperando mantenerte seguro... pero estos pensamientos pueden afectar seriamente tu presente y tu futuro.

Da un paso atrás. La próxima vez que aparezca un pensamiento negativo, haz una pausa por un segundo y pregúntate: "¿Se trata de lo que está sucediendo ahora, o es algo antiguo que está resurgiendo?" La mayoría de las veces, comenzarás a ver el patrón. Una vez que puedas ver esa conexión entre las experiencias pasadas y los miedos actuales, estás a medio camino de romper el ciclo.

Cuando has pasado tanto tiempo encadenado a viejas creencias y heridas, la claridad no llega fácilmente. Pero cada visión es un paso hacia desenredar esas cadenas. Sí, despojar esas capas puede doler un poco, pero vale la pena la libertad al otro lado. Mantente curioso y amable contigo mismo—observa esos patrones sin juzgar.

El status quo puede susurrar, "Así es como son las cosas", pero seamos realistas... no tiene por qué ser así. Tienes el poder de cambiar tus pensamientos y sentirte de manera diferente en el futuro. Y, créeme, vale la pena.

Patrones de Espirales Negativas

Imagina despertarte y lo primero en tu mente es un error que cometiste días atrás. Reconocer cuándo somos incapaces de dejar ir estos pensamientos puede ser la clave para detenerlos. Uno de los principales signos es **el pensamiento catastrófico**. ¿Alguna vez te has encontrado pensando, "Oh no, si eso sucedió, ¿qué más podría salir mal?" Esa es una pista. Un pequeño pensamiento negativo se transforma rápidamente en algo mucho más grande, completamente desproporcionado a la realidad.

Estos pensamientos no permanecen como entidades individuales. ¡Tienen una forma de conectarse, ¿verdad? Uno lleva a otro y otro, creando un efecto dominó. Puedes pensar en una entrevista de trabajo fallida que luego se convierte en contemplar una vida entera de fracasos profesionales. Se convierte en una cadena implacable, cada eslabón agregando peso.

Aquí hay otra cosa: esas espirales negativas no favorecen en nada a la autoestima. Comienzas a dudar de ti mismo. Solo piensa en cómo se instala la baja autoestima. Una vez que permites que un "¿Por qué hice eso?" se escape, cuestionarás otra acción, y boom, te quedas atrapado en un bucle. Es como estar atrapado en arenas movedizas: cuanto más luchas contra estos pensamientos, más te arrastran hacia adentro.

Puedes notar este ciclo ganando impulso. Comienza con un pensamiento como, "Metí la pata". Luego rápidamente, "Siempre la meto". Esto se convierte tan fácilmente en, "No soy bueno en nada". Antes de mucho tiempo, "¿Me mejoraré alguna vez?" Es esta secuencia la que afecta cómo nos vemos a nosotros mismos y daña nuestra autoestima.

- Estos pensamientos negativos pueden llevar a creer que cada error es un fracaso catastrófico.
- Los patrones de pensamiento pueden ser percibidos, notados cuando surgen resultados negativos consistentes.

"Nuestro estado mental da forma al mundo en el que vivimos."

Cada día, nuestras interacciones están teñidas por estos pensamientos, y no es de extrañar cuán perjudicial puede ser eso. La duda de uno mismo y la "baja autoestima" no son solo palabras de moda; son realidades tangibles. El ciclo hace que sea más difícil recuperarse de contratiempos porque cada revés se siente como otra prueba de que fracasarás de nuevo. Socava tu confianza y te deja dudando incluso de tus capacidades más simples.

Patrones como estos están más arraigados de lo que uno podría pensar. Se repiten una y otra vez hasta que comenzamos a notarlos. A veces implica atrapar un pensamiento en pleno desarrollo y desafiar su verdad. Otras veces, se trata de desenredar la secuencia más amplia en juego.

La toma de decisiones audaz comienza de forma pequeña. Reconoce un pensamiento por lo que es: un evento singular, aislado, no una representación de tu existencia entera. Liberarte de él implica verlo por lo que es, una noción fugaz, no un hecho sólido.

Comunícate más contigo mismo. Presta atención a estos patrones sin un juicio severo. Se trata de pausar por solo un momento y observar. Estos pensamientos y dudas se filtran en la toma de decisiones, las relaciones y el bienestar general, formando una cadena que te enreda. El desenredo comienza cuando los patrones son reconocidos, desglosándolos paso a paso.

Al detectar las señales temprano y detener que caiga el primer domino, puedes encontrar un espacio mental más claro y evaluaciones de situaciones más realistas. No tiene que ser perfecto; lo importante es comenzar. Solo un instante de atención puede marcar una gran diferencia.

La Sanación Comienza con el Reconocimiento

Bien, vamos a adentrarnos en esto. **Las heridas emocionales** son reales. Parece sencillo, ¿verdad? Pero ¿no es a menudo la parte más difícil? Solemos ignorar esas viejas heridas, ¿verdad? A veces las negamos, las empujamos hacia lo más profundo como si nunca hubieran ocurrido. Pero ¿adivina qué? Sí ocurrieron, y son importantes. Esas experiencias jugaron un papel en formar quien eres hoy.

Entonces, ¿por qué nos escondemos de estos dolores pasados? Quizás sea más fácil mantenerlos enterrados. O tal vez pensamos que admitirlos nos hace débiles. Aclaremos esto—es lo *opuesto*. Reconocer esas heridas requiere valentía. Seamos honestos sobre su **impacto**. A veces estas lesiones emocionales se manifiestan de formas inesperadas... relaciones tensas, dudas sobre uno mismo, o un constante flujo de pensamientos negativos. Y está bien (en serio, está bien) admitir que tus heridas pasadas han dejado cicatrices.

Una cosa innegable es el paso hacia adelante: **aceptación**. Sí, escuchaste bien. Ser honesto contigo mismo es el comienzo de la sanación; es el gesto mental que dice, "Vale, esto me dolió." Antes de curar una herida, tienes que verla clara y nítida. Para muchos, admitir que hay un problema se siente como quitar un vendaje—doloroso pero necesario.

Las heridas emocionales no siempre son visibles, lo que puede hacerlas complicadas de manejar. Piénsalo así: las heridas físicas necesitan tratamiento para sanar, ¿verdad? Lo mismo sucede con las emocionales. Ignorarlas no ayuda.

Permíteme compartir un pensamiento:

"La negación solo retrasa la sanación, mientras que el reconocimiento aporta claridad y dirección."

Notar estas heridas implica reflexionar (no rumiar—hay una diferencia). Háblate a ti mismo, algo así como, "Sí, esto sucedió, y me afectó de *abc* maneras." Solo recuerda que esos pensamientos te visitan de vez en cuando; no tienes que entretenerlos para siempre.

Y vamos a añadir un poco de amabilidad hacia uno mismo aquí. Sé amable contigo mismo, como lo serías con un amigo que confía en ti. Nada de "¿Por qué no superé esto más rápido?"—solo pura amabilidad. Porque hey, todos tenemos nuestros momentos, ¿verdad?

¡Aquí tienes una realidad!

- **La honestidad sobre los sentimientos** desbloquea el crecimiento.
- **Aceptar el dolor** es parte de avanzar.
- Está perfectamente bien admitir que estás sufriendo.

Pasos clave para reconocer

- Tómate un momento. Reflexiona sobre tu pasado sin juzgar.
- Sé honesto con lo que sientes y cómo lo sientes. Aunque sea negativo.
- Permite que esas emociones salgan a la superficie. No hay vergüenza en sentirlas.

Piensa en extender esta reflexión durante una semana o dos, lo que te resulte cómodo. No hay necesidad de apresurarse.

Por último, recuérdalo siempre—la persona que más se beneficia de ser honesta sobre estas heridas eres tú. Es mejor enfrentar la realidad y luego manejarla paso a paso, en lugar de fingir que todo está bien cuando no lo está.

¿Esa aceptación? Es tu boleto de oro hacia una sanación genuina. Bien, da ese pequeño paso hacia la sanación, te lo has ganado.

Pequeños Pasos hacia la Recuperación

La recuperación no es inmediata, implica una serie de pasos simples pero significativos. **Establecer una rutina diaria positiva** puede ponerte en el camino correcto. Comienza tus mañanas con algo que te levante el ánimo, como un pequeño paseo, una canción favorita, o simplemente sentarte tranquilamente con una taza de té. ¿No es sorprendente cómo acciones tan pequeñas pueden moldear todo tu día? Es como establecer el tono de forma sutil y gentil. Nunca subestimes el poder de estos pequeños rituales.

A medida que pasan los días, otra cosa crucial es establecer metas alcanzables—para tu bienestar emocional. Piénsalo como darte a ti mismo un mapa a seguir, pero recuerda ser amable contigo mismo en el camino. Puede ser algo tan sencillo como tomar unos minutos cada día para reflexionar sobre tus sentimientos, escribir en un diario sobre los altibajos del día, o incluso contarle a alguien en quien confíes sobre tus luchas. No son enormes montañas que escalar, solo pequeñas colinas que se hacen más fáciles día tras día. **Te sorprenderá** cuánto progreso se puede lograr con esfuerzos consistentes y mínimos.

Luego está la práctica de la gratitud y las afirmaciones positivas. Probablemente lo has escuchado cien veces, ¿pero has intentado llevar un diario de gratitud? Todos los días anota un par de cosas—cosas simples y directas—por las cuales estás agradecido. Puede ser algo pequeño, como tener una tarde completamente para ti, o algo más significativo, como conseguir un trabajo o reconectar con un viejo amigo. Sigue haciéndolo durante unas semanas y observa el impacto que tiene. Como alguien dijo sabiamente una vez:

"Cuanto más practiques la gratitud, más encontrarás por lo que estar agradecido."

¿No se siente un poco mágico?

Y no solo escribir las cosas, sino **hablarte positivamente** a ti mismo puede marcar una gran diferencia. Cada mañana, párate frente a un espejo y di algo amable. Puede sentirse tonto al principio, pero con el tiempo, ayuda a cambiar tu mentalidad. "Soy digno de amor." "Soy capaz." "Hoy, me doy permiso para avanzar lentamente y con calma." Estas no son solo palabras vacías, son pequeñas semillas que siembras en tu mente y que se fortalecen cada día.

Combinar todos estos pasos no se trata de transformar tu vida de la noche a la mañana. Se trata de tejer pequeños momentos de amabilidad e intención en tu existencia diaria. Pronto, estos pequeños pasos comienzan a acumularse en algo más grande...algo más resistente. **El progreso lleva tiempo**, pero con paciencia, una rutina positiva y afirmaciones diarias, te encontrarás a kilómetros de donde comenzaste.

Las metas de salud emocional ayudan a transformar lo intangible en pasos tangibles. Estás dando a tus sentimientos un lugar donde aterrizar, haciéndolos más manejables y menos abrumadores. Establecer una **rutina diaria positiva**, fijar metas realistas y practicar la gratitud y las afirmaciones puede marcar una diferencia tangible en cómo te sientes. Tómalo día a día y date un respiro. Estás en camino hacia la recuperación, un pequeño paso a la vez.

Parte 2: Preparándose para el Cambio

Capítulo 4: Construyendo Conciencia y Autoentendimiento

"El verdadero viaje de descubrimiento no consiste en buscar nuevos paisajes, sino en tener nuevos ojos."

Bienvenido a un nuevo capítulo centrado en construir **autoconciencia** y **autoentendimiento**. Es como tener una linterna para iluminar esos rincones de tu mente que a veces se vuelven un poco más oscuros. Imagina saber exactamente por qué piensas de la manera en que lo haces, y encontrar las herramientas para cambiar lo que te está frenando—eso es lo que este capítulo busca ayudarte a lograr.

Vamos a captar tu atención de inmediato: ¿Alguna vez te has preguntado por qué algunos patrones de pensamiento antiguos parecen ser tan persistentes, como chicle en un zapato? Al entender esto, abres puertas hacia mejores relaciones, una mejor carrera y un mejor tú.

Comenzaremos con técnicas de autoconciencia, guiándote para reconocer esos hábitos de pensamiento pegajosos. También aprenderás los conceptos básicos de la Terapia Cognitivo-conductual (TCC)—no te preocupes, es más sencillo de lo que suena pero increíblemente poderoso. ¿No luchamos todos con establecer metas que parecen más sueños que realidades? Establecer metas realistas puede llevar a un progreso genuino, y te mostraremos cómo hacerlo.

Si te has sentido un poco estancado (todos hemos estado allí), este capítulo podría ser tu punto de inflexión. Sigue leyendo, descubre cómo sintonizarte con tu yo interior y obtén herramientas prácticas de autorreflexión en el camino... ¡listo para desbloquear un tú más claro y consciente!

Técnicas de Autoconocimiento

Entenderse a uno mismo comienza con hacer **preguntas profundas**. Todos tenemos creencias que moldean nuestros pensamientos y... muchas veces están ocultas. Por ejemplo, digamos que siempre pospones hablar en las reuniones de trabajo. ¿Te has preguntado por qué? A menudo, esta vacilación surge de un miedo a estar equivocado o ser juzgado. Intenta sentarte contigo mismo—en un espacio tranquilo—y piensa, "¿Por qué me pongo nervioso por esto?"

Luego, anota todas las razones que se te ocurran. Pronto, podrías notar un patrón. Cosas como, "Tengo miedo de que la gente piense que soy tonto," o, "¿Qué pasa si no lo hago bien?" Estas creencias ocultas son los culpables de tu exceso de pensamiento.

Otra herramienta poderosa implica prestar atención a cómo te sientes físicamente. Suena un poco raro escribirlo, pero nuestros cuerpos nos envían señales sobre nuestras emociones. ¿Has intentado prestar atención cuando tus hombros se tensan o tu estómago se siente molesto? Estas son formas en que tu cuerpo te dice que algo no está bien. Una vez, durante un proyecto estresante, noté que apretaba la mandíbula. No fue hasta que me detuve y me pregunté, "¿Qué está pasando aquí?" que me di cuenta de que estaba preocupado por cumplir con el plazo. La próxima vez que sientas algo físico, no lo ignores—pregunta qué está tratando de decir.

Los desencadenantes también juegan un papel importante. Estos pueden ser específicos de una persona, situación o incluso un lugar. Puede marcar la diferencia identificar qué te hace entrar en un ciclo de pensamiento excesivo. Tal vez empieces a obsesionarte con las cosas cada vez que se acerca un plazo o después de encontrarte con una persona en particular. Anota esas situaciones, y con el tiempo, comenzarás a reconocer patrones.

En realidad, identificar estos desencadenantes no es tan complicado como parece; comienza con buena observación. Vamos paso a paso para manejar esto:

- **Reconoce el Desencadenante**

  Cuando notes que pensamientos negativos se cuelan, detente. Identifica qué acaba de suceder. ¿Fue un comentario específico? ¿Un evento próximo? Investiga, mantente curioso.

- **Reflexiona sobre la Emoción**

  Mira hacia adentro y averigua la emoción específica que estás sintiendo. ¿Es ira, miedo, tristeza, o quizás una mezcla de varias?

- **Desafía la Creencia**

  Pregúntate, "¿Es este pensamiento racional?" Si el desencadenante es que alguien hace una crítica, reflexiona... ¿han tenido otras críticas impactos negativos duraderos? A menudo, descubrirás que estos pensamientos son temores exagerados—remanentes de experiencias pasadas que ya no tienen validez.

"La mayoría de los problemas, emocionales u otros, se pueden dividir en dos categorías: los de corto plazo y los de largo plazo."

- **Toma Acción o Reformula el Pensamiento**

  Una vez que lo hayas analizado, decide qué puedes hacer. ¿Se puede eliminar o evitar el desencadenante? Si no, ¿cómo puedes pensar de manera diferente al respecto? Reformular se trata de ver el otro lado. Tal vez esa crítica en el trabajo sea una oportunidad de crecimiento en lugar de un ataque.

- **Practica y Paciencia**

    Esto no se arregla inmediatamente. Créeme, si lo hiciera, este libro tendría una sola página. Pero con el tiempo, puedes pasar de reaccionar a comprender y, eventualmente, regular esos desencadenantes desagradables.

Estar consciente es un comienzo empoderador, pero para unirlo todo, nuestro viaje hacia el autoconocimiento y la conciencia requiere un esfuerzo continuo. Tus pensamientos no son tú - solo son pensamientos. Aprende a sentarte con ellos, descubre su origen, y comenzarás a notar el cambio.

Bueno entonces, pongámonos reflexivos. Toma estas técnicas, comienza poco a poco, y solo observa la diferencia que hace.

Reconociendo Patrones de Pensamiento

Todos tienen esos momentos en los que ciertos temas siguen apareciendo en su cabeza... ¿verdad? Estos temas pueden ser reveladores. Para empezar, intenta **notar los temas recurrentes en tus pensamientos**. Tal vez sea esa preocupación persistente por un evento pasado, o quizás no puedas sacudirte la sensación de no ser lo suficientemente bueno. Estos temas recurrentes te dan pistas sobre qué está ocupando tu espacio mental.

Curiosamente, al diferenciar entre pensamientos útiles y perjudiciales, puedes empezar a filtrar el desorden mental. Los pensamientos útiles empoderan y motivan, ya sabes, como recordarte a ti mismo que aprecies tus esfuerzos. Por otro lado, los pensamientos perjudiciales tienden a ser negativos y críticos, arrastrándote hacia abajo. Imagina un bucle en tu mente que dice cosas como, "No soy capaz" o "Siempre estropeo las cosas". Es crucial determinar qué pensamientos están contribuyendo a tu crecimiento y cuáles simplemente te están frenando.

Rastrear patrones de pensamiento puede ser una herramienta poderosa para controlar estos hábitos mentales. Lleva un pequeño diario, anotando lo que pasa por tu mente durante los momentos libres o después de ciertos desencadenantes. No como tarea, sino más bien como una charla amistosa contigo mismo. Estas notas pueden ser reveladoras.

Aquí hay algunos pasos para hacer que este proceso sea efectivo:

- **Manténlo simple**

    Escribe lo que sea que esté en tu mente sin juzgarlo. Piensa en ello como hablar con un amigo. Simplemente enumera tus pensamientos siempre que encuentres un momento tranquilo.

- **Identifica los temas comunes**

    Después de una semana más o menos, revisa tus notas. ¿Notas algún patrón? ¿Están surgiendo ciertas preocupaciones o pensamientos con más frecuencia?

"Una razón por la cual crear conciencia de tus pensamientos es vital es que te permite cambiar tu historia."

- **Sepáralos**

    Luego, usa dos resaltadores o bolígrafos diferentes. Asigna un color a los pensamientos útiles y otro a los perjudiciales. Rápidamente verás qué tipo es más prevalente en tu pensamiento diario.

- **Aborda los perjudiciales**

    Cuando identifiques esos pensamientos perjudiciales, no los ignores. Pregúntate a ti mismo: "¿Por qué estoy pensando de esta manera?" Comprender el 'por qué' puede ayudarte a encontrar una solución práctica. ¿Son realmente fácticos estos pensamientos, o son miedos exagerados?

- **Reemplaza y reformula**

  Cambia de rumbo reemplazando los pensamientos perjudiciales por otros útiles. En lugar de decir, "Siempre estropeo las cosas", prueba con "Cometí un error, pero puedo aprender de esto". Puede sentirse extraño o incluso forzado al principio, pero se trata de crear nuevos hábitos mentales.

Implementar estos pasos realmente puede cambiar cómo ves y manejas tus procesos de pensamiento. Sí, necesitarás un poco de persistencia, pero vale totalmente la pena.

Por ejemplo, si a menudo piensas, "No soy bueno en nada", desafíalo enumerando cosas que realmente haces bien, grandes o pequeñas. Modifiquemos los guiones perjudiciales que tu mente sigue reproduciendo.

Destaca las ideas en **negrita** y anota los puntos de inflexión. Aférrate al hecho de que los pensamientos perjudiciales surgirán de vez en cuando; la mente de todos se involucra en lo que algunos llaman "charla mental". Pero estar consciente significa que puedes manejar estos pensamientos en lugar de dejar que te manejen a ti.

Encontrar esos patrones, archivar tus cintas mentales... se trata de mucho más que simplemente escribirlos; estás guiando tu bienestar mental presente y futuro.

Fundamentos de la Terapia Cognitivo-Conductual (TCC)

Comprender cómo se conectan nuestros **pensamientos**, **emociones** y **comportamientos** puede ser un verdadero cambio de juego.

Piensas que todo es independiente, pero a menudo tus **altibajos emocionales**, la forma en que actúas y esas creencias negativas persistentes giran en torno a los mismos problemas centrales. Este bucle constante puede mantenerte estancado. Cuando comienzas a reconocer que tus pensamientos y sentimientos van directamente a tus acciones, se vuelve más fácil tomar el control de tus respuestas.

Vamos a desglosarlo con un ejemplo cercano:

Te golpeas el dedo del pie con una silla. **El pensamiento inmediato** podría ser: "Qué mala suerte, siempre todo sale mal." Sientes un pinchazo en tu estado de ánimo—frustración, tal vez incluso enojo. Ese sentimiento luego te empuja hacia una serie de acciones; podrías patear la silla, murmurar algunas palabras poco amables o quedarte en silencio por un rato. ¿Ves cómo un solo pensamiento dirige tus sentimientos y acciones en una dirección específica?

Ahora, ¿qué pasaría si comienzas a cambiar la forma en que piensas? "Golpearme el dedo del pie—molesto pero no es el fin del mundo." Eso cambia completamente el tono. Tal vez te retuerzas y te rías en lugar de enojarte.

- **Reconoce el Pensamiento Negativo.** Presta atención cada vez que un pensamiento negativo surge en tu mente. ¿Te sientes mal después de un error? ¿Notaste que el cielo no es tan azul como querías? Eso es la negatividad insinuándose en tus pensamientos.
- **Desafíalo.** Pregúntate si este pensamiento es justo. ¿Es racional? ¿Tienes hechos que lo respalden, o es tu mente jugando trucos? ser despedido del trabajo—¿realmente soy inútil, o la empresa redujo personal por razones genuinamente más amplias (algo sobre el 90% fuera de tu control)?
- **Reformula.** Toma ese pensamiento desafiado y cámbialo por algo más cálido. "Metí la pata en el trabajo" se convierte en "Incluso los mejores cometen errores—y cada uno es una oportunidad para crecer."

Se trata de identificar esas creencias irracionales como "Debo ser perfecto" o "Todos están observando cada uno de mis movimientos." Muy a menudo, estos pensamientos flotan sin mucho respaldo. ¿Y sabes qué? Atrápalos, ponte en su camino y reformúlalos.

Ahora, vamos a deshacer ese ciclo exigente con un ejemplo práctico,... impresionante, ¿verdad?

Digamos que estás convencido de que siempre fracasas. Te inscribiste en una nueva clase de baile pero ni siquiera has aparecido porque "¿Para qué molestarse, no lo haré bien?"

- Comienza enumerando la evidencia en ambos lados:
    - ¿Has arruinado absolutamente todo en tu vida? Probablemente no, debe haber logros allí.
    - ¿Hubo situaciones similares donde las cosas estuvieron bien?
- Ahora enfrenta el pensamiento. Creencias injustas demuestran martillos derribando la autoestima.

"Nuestros pensamientos secuestran en gran medida si los dejamos—manteniendo riendas de acero, protegiendo firmemente nuestras barricadas mentales."

Desafiar Creencias Irracionales:

- **Nota la creencia.** A menudo pasa desapercibida, simplemente rodando de un lado a otro en nuestra mente en bucles invisibles.
- **Evaluación de la Evidencia.** Reúne casos reales y contrapuntos factuales. ¿Es verdad que esas suposiciones pasadas realmente han gobernado cada movimiento?
- **Sustituye lo Irracional por Positividad.** Ir más allá de "Esto nunca funcionará" hacia un "hay una posibilidad de error, pero también hay mucho por aprender".

- Tal vez escribir los pensamientos en papel (a veces esas redes desordenadas se ven más claras en texto).
- Pronuncia preparativos como "¿Realmente se calmó tan mal, o saltar esos 'y si' alimentados por la ansiedad necesita agudos vistazos racionales?".

Por último, una pizca de amabilidad hacia ti mismo,... cuando un contratiempo áspero atraviesa tu sistema de bucles, la realidad básica pero cruelmente pasada por alto: Eres igual de capaz y merecedor que el chico o la chica que clavan la rutina de salsa a tu lado. ¡Mantén esos pensamientos positivos a tu alrededor!

Herramientas para la Auto-Reflexión

La auto-reflexión puede parecer desalentadora, especialmente cuando no estamos seguros de cómo medir nuestro progreso. Es fácil perderse en la vida cotidiana sin hacer un seguimiento de nuestro crecimiento. Veamos algunas herramientas prácticas para ayudar a que este proceso sea más estructurado e ilustrativo...

Utilizar criterios objetivos, como metas específicas y medibles, es un enfoque útil. Piensa en dónde estabas hace seis meses. Tal vez querías ser más paciente. Ahora, pregúntate a ti mismo (sinceramente, por supuesto), "¿Me he encontrado reaccionando con calma en situaciones que antes me hubieran frustrado?" Llevar un registro de estos cambios tangibles te proporciona algo real en lo que reflexionar, ayudando a reemplazar sentimientos vagos con un crecimiento claro y medible.

Las preguntas introspectivas son otra gran aliada. A veces la pregunta correcta puede abrir puertas en tu mente que no sabías que existían. Aquí tienes algunas para probar:

- ¿Qué acciones me han acercado a mis metas esta semana?

- ¿Cómo han influenciado mis relaciones mi felicidad recientemente?
- ¿Qué hábitos están trabajando en mi contra, y por qué?

Al reflexionar solo unos minutos sobre estas preguntas, es probable que descubras patrones y pensamientos que no te dabas cuenta de que estaban ahí. Este tipo de cuestionamiento va más allá de la superficie, ayudándote a profundizar en tu verdadero yo.

Las autoevaluaciones regulares pueden mantenerte en camino. Dedica tiempo semanal o mensual, lo que sea adecuado, para revisar cómo has estado progresando con tus metas y respuestas introspectivas. Es útil tratar esto como un diálogo contigo mismo, una oportunidad para una conversación honesta.

Paso 1: Establece la Meta

Define específicamente lo que quieres lograr. ¿Es una mejor relación con un miembro de la familia? ¿Quieres practicar la paciencia en situaciones de mucho estrés? Tu meta debe ser clara y específica.

Paso 2: Establece un Punto de Partida

Observa dónde te encuentras actualmente con tu meta. Por ejemplo, anota incidentes que muestren tu comportamiento actual hacia tu meta, para tener una visión sincera.

Paso 3: Intenciones Semanales

Para cada semana, establece objetivos menores alcanzables que contribuyan a tu meta principal. ¿Quieres paciencia? Planea practicar técnicas de respiración siempre que las cosas se calienten, define cómo se ve el "éxito" en estas situaciones.

Paso 4: Consultas Introspectivas

Termina cada semana volviendo a esas preguntas introspectivas. Por ejemplo, pregúntate, "¿Qué situaciones me ayudaron a practicar la paciencia?" Tus respuestas pueden iluminar tanto fortalezas como áreas a mejorar.

Paso 5: Reflexión Mensual

Cada mes, reúne tus chequeos semanales y observa el panorama general. "¿He mejorado en general?" Incluso las victorias menores cuentan y se acumularán.

Paso 6: Ajusta en Consecuencia

Nadie es perfecto. A veces, las metas y metodologías necesitan ajustes. Si algo no se siente bien, siéntete libre de cambiar de rumbo.

Paso 7: Recompensa tu esfuerzo

La auto-reflexión práctica no se trata solo de señalar defectos. Celebra las victorias, por pequeñas que sean. Estas son las que aumentarán tu moral y te mantendrán motivado para un crecimiento más significativo.

Reflexionar regular y honestamente mientras evalúas tanto fortalezas como brechas asegura una auto-mejora continua equilibrada con amabilidad hacia uno mismo.

"Entenderte a ti mismo es el comienzo de la sabiduría, y la comprensión llega a través de la reflexión y el autoanálisis, no a través del juicio superficial."

La auto-conciencia es una herramienta que cambia la vida... y un viaje. Comenzar con estos pasos creará una versión de reflexión personal que es asertiva, amable y genuinamente tuya. A medida que creces, así lo hará tu auto-comprensión, mejorando radicalmente cómo ves el mundo y tu lugar en él.

Establecimiento de Metas Realistas

Cuando se piensa en metas, es útil comenzar poco a poco...dividirlas en tareas manejables. Esto evita que te sientas abrumado y facilita mantener el progreso. Por ejemplo, si tu objetivo es escribir un libro, no pienses en las 100,000 palabras que necesitas. En cambio, divídelo en tareas de escritura diarias: quizás 500 palabras al día. Este enfoque mantiene un progreso constante y se siente mucho más factible.

A continuación, considera tus valores y fortalezas. Tus metas deben resonar con lo que es importante para ti y en lo que eres bueno; esto hará que el trabajo sea más fluido y satisfactorio. Supongamos que valoras la creatividad y tienes habilidades para el diseño. Establecer como meta actualizar tu portafolio en línea se alinea perfectamente con tus valores y fortalezas. Es probable que disfrutes más del proceso y lo sigas con constancia.

Los marcos temporales también son clave. Tener plazos crea un sentido de urgencia y ayuda a llevar un seguimiento del progreso. Pero no te preocupes si necesitas ajustar tus metas. La flexibilidad es importante. Tal vez tenías planeado completar una tarea en una semana, pero resulta que necesitas más tiempo. No hay problema—extiende un poco el marco temporal en lugar de rendirte.

Identifica Tu Gran Meta

Toma una gran meta que has tenido en mente, pero que siempre te ha parecido demasiado desafiante. Escríbela.

Divídela en Tareas Pequeñas

Observa tu gran meta y anota las cosas individuales que abordarás. Cada tarea debe sentirse alcanzable en poco tiempo. Ningún paso es demasiado pequeño en esta fase.

Alinea con Tus Valores y Fortalezas

Revisa esas pequeñas tareas. ¿Se alinean con lo que te importa y en lo que eres bueno? Si no es así, ajústalas hasta que lo hagan. Te resultará más fácil mantener el compromiso.

Establece Plazos

Asigna un plazo para cada tarea. Estos pueden ser semanales o diarios, dependiendo de su tamaño. Solo asegúrate de que sean realistas pero también un poco desafiantes—como un empujón amistoso.

Ajusta según sea necesario

La vida es impredecible. A veces las cosas no saldrán según tu planificación. Está bien...así es la vida. Ajusta esos plazos según sea necesario, pero no te rindas.

Cuando abordé mi proyecto de correr un maratón, me resultaba abrumador pensar en las 26.2 millas de una vez. Así que dividí el maratón en hitos más pequeños—primero corriendo una milla, luego tres, luego cinco. Cada pequeña victoria aumentaba mi confianza. ¿Quieres un poco más de motivación? Aquí tienes un gran recordatorio:

"Cada pequeña finalización es un escalón hacia tu gran meta."

Alinea cada tarea con tus valores y fortalezas personales. Correr era importante para mí porque representaba libertad y resiliencia. Saber eso me mantenía atándome los zapatos incluso en los días perezosos. Alinear tus acciones con lo que te importa hace que cada pequeño paso hacia tu meta se sienta significativo.

Para resumir, estos pasos aportan claridad y dan dirección a tus esfuerzos. Al dividir las metas, alinearlas con los valores personales, establecer plazos y mantener la flexibilidad, es sorprendente cuánto puedes lograr evitando ahogarte en complejidades. Y seamos honestos—las pequeñas victorias se sienten bien...¿verdad?

Hacerlo de esta manera puede cambiar la forma en que abordas cualquier meta en tu vida. Y ¿quién no necesita un poco más de sencillez y satisfacción en su día a día? Se trata de hacer que esos grandes sueños sean manejables y alcanzables. Mantén las cosas simples, relevantes y, sobre todo, agradables.

¡Vamos a Ser Prácticos!

Bueno, hemos mojado nuestros pies en el Capítulo 4 sobre **Construir Conciencia y Autoconocimiento**. Se trata de atrapar esos pensamientos escurridizos, sentir nuestros sentimientos (sí, incluso los no tan buenos) y, básicamente, tener un agarre sobre quiénes somos. ¡Vamos a comprometernos paso a paso en practicar lo que hemos aprendido!

Paso Uno: Arraígate en el Presente

Bien, toma una respiración profunda. Dentro... y fuera... Este paso se trata de traerte completamente a este momento. Sabes, a veces es difícil concentrarse cuando tu mente está en todas partes.

Piensa o di:

"Estoy aquí, en este momento."

Siéntate en algún lugar cómodo, o tal vez ponte de pie si eres del tipo inquieto, solo asegúrate de estar donde te sientas cómodo. Mientras respiras, imagina que cada pensamiento o sensación te ancla al presente. Siente tus pies en el suelo, nota lo que te rodea... Cuanto más observes, más presente estarás.

Paso Dos: Reconoce tus Patrones de Pensamiento

A continuación, atrapemos esos patrones de pensamiento en acción. Toma un cuaderno (o haz una nota mental si no te gusta escribir).

Piensa o di:

"¿Qué está ocupando espacio en mi mente en este momento?"

Ahora anota cualquier pensamiento que surja. Podría ser cualquier cosa: la discusión que tuviste hace una semana, el estrés por mañana... sin juzgar, solo captúralos. Por ejemplo, podrías escribir: "No dejo de pensar en lo incómodo que fui en la cena de anoche."

Paso Tres: Aplica los Fundamentos de la TCC

Aquí es donde entra en juego la divertida terapia cognitivo-conductual (TCC). ¿Recuerdas esos pensamientos que anotaste? Vamos a analizarlos.

Toma un pensamiento y analízalo:

- Identifica la emoción detrás de él (por ejemplo, "Me siento avergonzado por la cena de anoche").
- Cuestiona ese pensamiento. Pregunta:
    - ¿Hay evidencia para este pensamiento?
    - ¿Qué evidencia hay en su contra?

Por ejemplo: "Evidencia a favor: Hice un comentario extraño. Evidencia en contra: Todos se rieron y la conversación siguió rápidamente."

Paso Cuatro: Utiliza Herramientas para la Auto-Reflexión

Ahora, fusiona estos pasos en una profunda auto-reflexión. ¿Todavía tienes ese cuaderno? Genial. Piensa cómo esos pensamientos y sentimientos afectan tu autoconciencia.

Preguntas para reflexionar o escribir sobre:

- ¿Con qué frecuencia te encuentras en patrones de pensamiento similares?
- ¿Qué te dicen estos patrones sobre ti mismo?

Por ejemplo: "A menudo me preocupo por ser malinterpretado en entornos sociales. Probablemente signifique que valoro la claridad y la conexión."

Paso Cinco: Establece Metas Realistas

Estos ejercicios van más allá de solo recordar o estresarse, ¡vamos a establecer metas accionables! Tus metas deben estar relacionadas con conocerte mejor, con tus peculiaridades y todo.

Piensa en una meta simple:

- "Practicaré desafiar mis pensamientos negativos una vez al día."
- "Dedicaré cinco minutos cada noche para anotar mis pensamientos y emociones del día."

Por ejemplo: "Cada noche, escribiré en un diario sobre algo que me molestó durante el día y dedicaré unos minutos a cuestionar cualquier pensamiento negativo con evidencia positiva."

Paso Seis: Implementa y Reevalúa

Querrás que esto sea más que algo de una sola vez. Comprométete a incorporar estos pasos en tu rutina diaria. Luego, después de una semana o dos, reevalúa.

Haz una revisión contigo mismo:

- ¿Cómo va todo? (¿Estas actividades están ayudando?)
- ¿Te sientes más en sintonía con tus pensamientos y sentimientos?
- ¿Alguna sorpresa acerca de tus patrones de pensamiento?

Ejemplo de revisión: "He notado que desafiar regularmente mis pensamientos negativos evita que se descontrolen. Me sorprende encontrar evidencia en contra de muchas de mis preocupaciones."

Mantente relajado, sé amable contigo mismo. Algunos días serán más fáciles que otros, y está bien. Este ejercicio se trata de aprender y cambiar gradualmente hacia un tú más consciente y autoconsciente.

¡Bien, mantente presente y vamos a lograrlo... paso a paso!

Capítulo 5: Reenmarcar y Restructurar Pensamientos

"La mente lo es todo. Lo que piensas, te conviertes."

Bienvenido a un emocionante capítulo donde **moveremos las cosas** en nuestra mente y aprenderemos a pensar de manera diferente. Este capítulo trata sobre reenmarcar y reestructurar nuestros pensamientos, algo increíblemente útil en nuestra vida diaria (más de lo que podrías creer).

¿Alguna vez te has sentido atrapado en un ciclo de pensamientos negativos? **No estás solo**. Todos lo hacemos, ¡pero la gran noticia es que puedes cambiar esto (sí, de verdad)! Exploraremos algunas técnicas sorprendentes para la reestructuración cognitiva y nos familiarizaremos con estrategias de autohabla positiva. ¿No suena increíble atrapar esos *pensamientos no tan útiles* y convertirlos en algo que realmente te beneficie?

Pero espera, hay más. El Modelo ABC (Acontecimiento Activador, Creencia, Consecuencia) es como un mini mapa para nuestros pensamientos y reacciones. Te encantará aprender sobre este modelo. A continuación, nos sumergiremos en ejemplos y aplicaciones prácticas, lo que facilitará que **veas beneficios reales** al reenmarcar tus pensamientos.

Y como si eso no fuera suficiente, terminaremos con ejercicios diarios de reenmarque de pensamientos para que puedas practicar regularmente y ver mejoras antes de lo que crees.

¿Curioso? ¿Listo para cambiar tu mentalidad y posicionarte para una vida más feliz y positiva? ¡Sigue leyendo! Encontrarás muchas herramientas y perspectivas para **potenciar completamente el potencial de tu mente de una manera completamente nueva**.

Técnicas para la reestructuración cognitiva

¡Ey! Cuando se trata de **reestructuración cognitiva**, se trata de cambiar cómo piensas para sentirte mejor. Identificar esas astutas **distorsiones cognitivas** es esencial. Lo que suelo hacer es anotarlas, ayuda a ver claramente qué está pasando por tu mente. Básicamente, son pensamientos exagerados que arruinan tu día. Imagina esto: cometiste un pequeño error en el trabajo y ahora estás convencido de que te van a despedir. Eso es lo que llamamos "catastrofizar", donde exageramos las cosas.

A veces, pensamos en blanco y negro. Por ejemplo, sacas una "B" en un examen, y luego es todo desastre y tristeza porque cualquier cosa menos una "A" es un fracaso, ¿verdad? Atrapa estos pensamientos ilógicos en el momento en que aparecen. Nos roban la alegría, de verdad que sí.

Bueno, entonces es hora de desafiar estas molestas **creencias negativas**. Lo que haces a continuación es súper importante... Como un debate mental. Usemos nuestro ejemplo de "ser despedido": Pregúntate a ti mismo, ¿es verdad? ¿Ha pasado antes? ¿Hay evidencia real? A menudo no la hay. (Traducción: es tu mente jugando trucos).

Piénsalo de esta manera: si un amigo compartiera estos miedos, ¿los validarías? ¡Probablemente no! Cuestionarías y responderías compasivamente. Haz esto por tu propia mente. ¡Somos tan duros con nosotros mismos!

Reemplaza con pensamientos equilibrados. Una vez hayas encontrado fallos en tus creencias negativas, es hora de cambiar las cosas. Cambiemos ese estrés por ser despedido con algo más equilibrado como, "Cometí un error pero puedo arreglarlo, he hecho un buen trabajo aquí." ¿Ves lo que pasó ahí? Te estás reconfortando a ti mismo con una declaración realista y positiva.

Puede sentirse incómodo o forzado al principio... Como llevar un par de zapatos nuevos, pero mejora cuanto más practiques. Considera tratar cada pensamiento distorsionado en tres pasos:

- **Identifica la distorsión.** Escribe lo que estás pensando. "Metí la pata en una tarea, voy a perder mi trabajo."
- **Desafía la creencia.** ¿Es realmente seguro? ¿Cuál es lo peor que podría pasar? ¿Es realista o probable? Hazlo un poco como un cuestionario contigo mismo.
- **Cambia por pensamientos equilibrados.** Reemplaza el miedo con el hecho. "Un error no significa un desastre. También he recibido elogios por mi trabajo."

Comienza pequeño, usando ejemplos cotidianos. ¿Fallaste en una receta? Prueba algo como, "No perfecto, pero aprendí. La próxima vez, puedo ajustarlo." ¿Sencillo, verdad?

Detengámonos aquí... Porque...

Nuestros pensamientos guían nuestras emociones, que impulsan nuestras acciones.

Bastante profundo, pero cierto. Simplemente cambiar cómo pensamos remodela nuestras reacciones y momentos.

Después de agarrarle la onda, comenzarás a hacerlo automáticamente. Es posible que ni siquiera necesites papel y lápiz. No se trata de hacer la vida perfecta, se trata de construir mejores hábitos mentales para hacer frente a los días buenos y malos. No es necesario poner en riesgo tu bienestar por una cena demasiado cocida o una llamada de trabajo incómoda.

Aborda las conversaciones que tienes contigo mismo, con la intención de ser más amable y constructivo. ¡No le dirías a un amigo, "¡Siempre arruinas todo!" ¿Por qué decírtelo a ti mismo? Identificar... desafiar... y reemplazar... ¡Estas técnicas traen paz, no perfección, al pensamiento!

Estrategias de Hablar Positivamente Contigo Mismo

Bien, hablemos de algo que todos necesitamos: hablar positivamente contigo mismo. Es mucho más fácil ser duro contigo mismo que levantarte. ¿Te suena familiar, verdad? Una herramienta poderosa para trabajar en esto son las **afirmaciones**. Muy simplemente, las afirmaciones son declaraciones positivas que repites para ti mismo. Es como enviar señales de aliento y creencia en ti mismo, y, créeme, los beneficios pueden ser enormes.

Aquí está el trato con las afirmaciones para la confianza: selecciona algunas que resuenen contigo. Pueden ser tan simples como "Soy valioso" o "Soy fuerte." Dílas cada mañana. Repítelas cuando te cepilles los dientes... escríbelas en notas adhesivas y ponlas en tu espejo, tu escritorio, incluso en tu cartera. Participar en estos rituales colorea tu pensamiento diario de una manera más brillante y combate esos pensamientos oscuros que persisten.

Enfrentémoslo—todos participamos en un diálogo negativo con nosotros mismos a veces. Puedes estar pensando "¿Por qué dije esa tontería?" o "No puedo hacer nada bien." ¿Sabes qué? Se trata de reconfigurar ese cerebro tuyo para **contrarrestar el diálogo negativo interno**. Cuando atrapas esa voz interna crítica, desafíala. Por cada crítica, responde con un contraataque positivo. "¿Por qué dije esa tontería?" puede cambiar a "¡Bueno, lo haré mejor la próxima vez!" Piénsalo como un partido de tenis mental donde estás determinado a ganar cada punto.

De acuerdo, aquí hay algunos consejos prácticos para contrarrestar el diálogo negativo interno:

- Nota los pensamientos negativos. La conciencia es clave.
- Responde a esos pensamientos, ¡literalmente! "¡Oye, eso no es cierto!" (Hablar contigo mismo puede parecer tonto, pero es efectivo.)
- Reemplaza las afirmaciones negativas con afirmaciones positivas de inmediato.

Una excelente cita resume todo:

"El diálogo negativo contigo mismo es tu peor enemigo."

La negatividad puede aferrarse como un chicle pegajoso debajo de un escritorio, pero la persistencia lo aplasta.

Eso nos lleva a otra joya dorada—la **motivación interna**. Aquí hay un ejercicio simple que funciona: visualiza tus metas. ¿Tienes un gran proyecto o desafío por delante? Tómate unos minutos para cerrar los ojos y visualizarte teniendo éxito. Siente la emoción, escucha los aplausos (aunque sea solo en tu cabeza). La motivación interna comienza con cómo te ves a ti mismo.

Lo cual nos lleva a los **Recordatorios de Metas**. Escribe tus metas. Pégalas en todas partes—espejo del baño, refrigerador de la cocina, dentro de tu planificador. Cada vez que las veas, tu cerebro recibe un impulso de motivación.

Luego, divide tus grandes metas en pasos más pequeños:

- **Paso 1:** Define tu meta final. Simple y clara.
- **Paso 2:** Divídela en tareas más pequeñas y manejables. Si se trata de ponerte en forma, comienza con una caminata de 10 minutos.
- **Paso 3:** Agrega estas tareas a tu lista de cosas por hacer. ¡Es muy satisfactorio tacharlas!

¿Alguna vez has intentado celebrar pequeñas victorias? Deberías. Esto mantiene encendida la llama de la motivación. ¿Completaste un entrenamiento? Genial, date un gusto con algo que disfrutes (como ver un episodio favorito).

Declaración audaz: El valor propio no proviene de que otros te alaben. Nace y se nutre dentro de ti. Esto funciona de manera simple, pero la práctica es clave. El **hablar positivamente contigo mismo**, contrarrestando esos intrusos negativos y avivando la motivación desde dentro deben convertirse en tu dieta mental diaria.

Honestamente, a veces puede ser difícil. Pero tú eres más fuerte. Prueba estas estrategias y mantente firme en tu nuevo y empoderador paisaje mental.

El Modelo ABC (Evento Activador, Creencia, Consecuencia)

Comencemos por entender el **evento activador**—esto es el desencadenante, la cosa que inicia todo. Imagina que llegas a casa y ves que tu compañero de cuarto no lavó los platos, de nuevo. Ese es el evento activador. Tal vez sea algo más emocional, como un amigo que no responde a tus mensajes en todo el día. El evento activador provoca una reacción, que puede convertirse en una mezcla grande de emociones y pensamientos.

Los sentimientos que siguen son a menudo inmediatos e intensos. Ves esos platos sucios, y puedes sentirte enojado o molesto. Tu amigo no te responde, y te sientes preocupado o desatendido. El punto es que, mientras el evento en sí es neutral (platos en el fregadero, amigo que no responde), son tus sentimientos los que llevan el peso.

Aquí es donde entran en juego las **creencias**. Actúan como un filtro—colorean todo lo que ves, sientes o piensas. Supongamos que crees que las personas son inherentemente desconsideradas; ver esos platos podría confirmar esta creencia. De repente, no son solo platos—es un agravio, se vuelve personal. Tal vez no se trata de pereza, tal vez se trata de respeto. O que no haya respuesta se convierte en la creencia de que te están ignorando deliberadamente—todo basado en percepciones personales.

La consecuencia es cómo esas creencias impactan en acciones, comportamientos y pensamientos adicionales. Con los platos sucios implicando falta de respeto, podrías reaccionar verbalmente o mantener tus sentimientos guardados, lo que lleva a tensiones. Si piensas que te están ignorando, podrías empezar a evitar al amigo, reaccionar con enojo en la próxima interacción, o incluso cuestionar tu valía.

Comprender cómo las creencias retuercen la reacción es crucial:

- **Evento activador**: Platos sucios, falta de respuesta a mensajes.
- **Creencia**: "No me respetan" o "Me están ignorando a propósito."
- **Consecuencia**: Enojo, retraimiento, tensión en la interacción, baja autoestima.

Para abordar esto, aquí tienes un enfoque paso a paso útil:

- **Reconoce el Evento Activador**

  Observa qué desencadena tu respuesta emocional. Reflexiona sobre tu día; recuerda momentos que generaron fuertes altibajos en tus emociones.

- **Identifica Tus Creencias**

  Esto puede llevar un poco de tiempo. Cuestiona lo primero que te viene a la mente que explique por qué el evento te molestó. ¿Es porque lo atribuyes a falta de respeto subyacente? ¿O lo ves como negligencia intencional?

- **Evalúa la Consecuencia**

  Identifica tu reacción emocional y comportamental inmediata. ¿Estás molesto, tomando represalias, o sintiendo lástima por ti mismo? Tómate un momento para anotarlo.

Deja que esto tenga pleno efecto con una cita como guía--

"En el momento en que notas tus pensamientos y creencias, puedes empezar a elegir mejores."

Entonces, ¿cómo se pueden cambiar las creencias? Supongamos de nuevo—esos platos sucios provienen de su rutina agitada al igual que la tuya, no es falta de respeto. O tu amigo perdió su teléfono, por lo que el silencio no es un agravio sino impulsado por circunstancias.

Aplicando una **lente objetiva**, podrías sentir menos escalada emocional. Las acciones que siguen a dicha reflexión desconectan reacciones intensas, abriendo paso a un compromiso razonable y más compuesto. Aborda la situación o comunica cómo sus acciones te hicieron sentir, en lugar de actuar impulsivamente.

La próxima vez que te encuentres con lo que parece ser un obstáculo, intenta **ajustar el ciclo de pensamientos**. Reconoce el desencadenante, cuestiona el patrón de respuesta—¡esto es pensar con más claridad!

¿No es mejor notar cómo filtrar acciones a través de **reestructurar creencias** impacta no solo en ti, sino también en tus relaciones? Pruébalo. Reconoce, cuestiona y redirige. Podrías sorprenderte.

Ejemplos Prácticos y Aplicaciones

Pensar en aplicar técnicas en situaciones cotidianas puede parecer abrumador, pero en realidad es más fácil de lo que podrías esperar. Es como integrar una nueva rutina en tus hábitos diarios, eventualmente se convierte en algo natural. Compartiré algunos escenarios donde estos métodos encuentran su camino en nuestras vidas regulares, pasando sin problemas de la teoría a la práctica. Verás que no se necesita mucho antes de que todo comience a encajar.

Imagina que te diriges al trabajo y te encuentras con un tráfico intenso, un desencadenante inmediato de frustración. En lugar de dejar que la molestia tome el control, podrías replantear la situación pensando: "Esto me da tiempo extra para escuchar el podcast que he estado disfrutando". No estás ignorando la irritación, pero estás reestructurando tu pensamiento para enfocarte en un aspecto positivo oculto. De repente, el trayecto ya no parece tan terrible.

O imagina una discusión con un amigo. Normalmente, las emociones negativas persistentes podrían dominar, llenando tu mente con lo que se dijo y lo que debería haber sido diferente. Pero con estas técnicas, intenta considerar su perspectiva: "Quizás tuvieron un día difícil y no quisieron comportarse de esa manera". Este acto de replantear no solo calma tu creciente enojo, sino que también podría ofrecer una manera más clara de resolver el problema.

En la crianza diaria, los momentos para aplicar estas técnicas son constantes. Imagina a un niño que se niega a hacer la tarea. La molestia es real, créeme, los padres pueden atestiguarlo. Reestructura tu pensamiento para ver esto como una oportunidad para enseñarles gestión del tiempo en lugar de verlo como una molestia. Tal vez piensa: "Esta es una oportunidad para mostrar paciencia y modelar habilidades para resolver problemas". La vida en casa puede transformarse con solo un pequeño cambio de perspectiva.

Pasemos a la vida profesional. Tu superior critica tu proyecto y la reacción inmediata tiende a ser defensiva. ¿Qué tal si, en cambio, ves sus comentarios como oportunidades de crecimiento? "Este feedback ayudará a refinar mis habilidades". Internalizar este replanteamiento puede convertir lo que parece un contratiempo en un escalón para mejorar.

Reestructurar pensamientos es similar: reconfigurar cómo procesamos las situaciones para fomentar patrones mentales más saludables. Desglosemos esto en un conjunto claro de acciones:

- Identificar el pensamiento negativo.
    - "Nunca lo haré bien".
- Cuestionar su validez:
    - "¿Qué evidencia tengo realmente que apoye esto?"
- Sustituirlo por una alternativa positiva o realista:
    - "He tenido éxito antes en situaciones complicadas; puedo resolver esto".

Considerar los pasos anteriores puede reducir gradualmente el diálogo interno negativo. Estudios han demostrado que **cambiar la narrativa en nuestras mentes dirige hábitos mentales de décadas en direcciones más positivas**.

Reflexionar sobre conceptos puede ser profundo, sin embargo, verlos en acción en situaciones prácticas aclara su valor. Por ejemplo:

- **Cuando te sientas abrumado por una lista de tareas sin terminar:** Reorganiza tus pensamientos para abordar una tarea a la vez en lugar de rumiar sobre toda la lista.
- **Cuando notes inseguridades surgiendo en situaciones sociales:** En lugar de obsesionarte con estos sentimientos, cambia tu enfoque para interactuar de manera genuina con quienes te rodean, priorizando conexiones significativas sobre pensamientos autocríticos.

Un cambio proactivo de perspectiva, por pequeño que sea, socava las ansiedades más potentes.

Destaca estos puntos y aplícalos de manera iterativa; así es como tu mente aprende estos nuevos caminos. Cada pequeño replanteamiento construye beneficios acumulativos.

Convertir la teoría en práctica no exige grandes gestos; se trata de esos pequeños ajustes diarios que remodelan cómo interactuamos con el mundo y nuestras historias sobre él. Al adoptar estos enfoques regularmente, acorta la brecha entre lo que aprendiste y cómo vives cada día sin detenerte en los obstáculos mentales residuales. La libertad que viene con el dominio del replanteamiento y la reestructuración vale la pena el esfuerzo.

Ejercicios diarios de reestructuración del pensamiento

Participar en **revisiones mentales** regularmente es una herramienta poderosa. ¿Sabes cómo revisas tus cuentas de redes sociales todo el tiempo? Intenta hacer lo mismo con tus pensamientos. Establece recordatorios en tu teléfono (mañana, mediodía, tarde) para preguntarte: "¿En qué estoy pensando en este momento?" A veces, nuestros pensamientos funcionan en piloto automático, sin que ni siquiera nos demos cuenta. Reconocer patrones puede hacer que sea más fácil reestructurarlos.

Entonces, ¿qué tipo de preguntas deberías hacerte durante estas revisiones? Aquí tienes una práctica lista de reflexiones:

- ¿Está este pensamiento ayudándome a alcanzar mis objetivos?
- ¿Puedo ver esta situación desde una perspectiva diferente?
- ¿Por qué estoy agradecido en este momento?
- ¿Estoy enfocándome en lo positivo o me estoy aferrando a lo negativo?

"¿Por qué esto importa?" podrías preguntarte. Es simple—nuestro cerebro tiende a creer lo que le decimos. Si sigues alimentándote con narrativas negativas, es probable que se queden. Pero ajustar tus pensamientos puede cambiar gradualmente tu mentalidad.

Otra forma práctica de reestructurar tus pensamientos implica establecer hábitos consistentes. Puede sonar básico, pero funciona. Por ejemplo, intenta comenzar tu día enumerando tres cosas por las que estás genuinamente agradecido. Este pequeño acto puede resetear tu actitud para todo el día, haciendo más fácil enfrentar los desafíos con una perspectiva positiva.

Una forma en la que podemos construir estos hábitos es convirtiéndolos en pasos simples y manejables. Aquí tienes una guía paso a paso para ayudar con la reestructuración de pensamientos:

Paso 1: Reconoce tus pensamientos

Reconoce cuando te estás metiendo en un bucle negativo. Ponle nombre a la narrativa ansiosa o autodepreciativa que atraviesa tu mente. Reconocer es el punto de partida—"Bien, me estoy estresando por esto..."

Paso 2: Cuestiona tus pensamientos

Pregúntate si estos pensamientos son productivos o simplemente están añadiendo a tu estrés. ¿Tu preocupación por un evento próximo realmente va a cambiar su resultado? Probablemente no. Vale la pena pensarlo, ¿verdad?

Paso 3: Reestructura los pensamientos

Cambia a una perspectiva más positiva o realista. Si te descubres pensando, "Siempre meto la pata", en vez de eso, piensa, "He cometido errores antes, pero también he aprendido de ellos y he mejorado".

Paso 4: Reflexiona sobre la nueva perspectiva

Mantente con esta perspectiva reestructurada durante al menos un minuto. Absórbelo. Deja que se convierta en tu nueva verdad. Los pensamientos reflexivos son como "vitaminas mentales" para reforzar cambios positivos.

Combina y mezcla estas técnicas según sea necesario. Algunos días serán más difíciles que otros—todos somos humanos. La idea es construir un conjunto de estrategias en las que puedas confiar, día tras día. La consistencia es clave, incluso en los días en los que solo lidias con molestias menores.

A algunas personas les encanta tener sistemas establecidos—afirmaciones matutinas, diarios, todo el paquete. Pero haz lo que sea mejor para **tí**. Si estos ejercicios solo se integran esporádicamente en tu rutina, sigue siendo progreso.

"Los pensamientos positivos pueden no crear maravillas pero pueden provocar un cambio que genera cambios significativos en la vida"

Términos elegantes y mejores intenciones aparte, se trata de ser amable contigo mismo. Pequeños, constantes cambios en cómo piensas eventualmente se acumulan en resultados duraderos. Comienza con algunos ajustes simples y observa a dónde te lleva tu camino... El impulso crece y, poco a poco, encontrarás más facilidad para navegar por la vida sin la carga de un exceso de pensamientos que te agobien.

Ya sea que estés ajustando un proceso de pensamiento negativo, haciendo una revisión mental o desarrollando nuevos hábitos—estás participando en una práctica valiosa que da frutos de formas que quizás no notes directamente, pero que ciertamente se acumulan.

Así que mañana—o incluso hoy—prueba solo uno de estos ejercicios. La vida exige nuestra atención en tantas áreas; una pequeña reestructuración del pensamiento puede ser de gran ayuda para asegurarnos de dedicar suficiente espacio a pensamientos más positivos y útiles.

¡Pongámonos Prácticos!

¿Crees que estás pensando demasiado en todo menos en la cocina? Es hora de arremangarse, salpicar un poco de agua fría en esa hermosa cara tuya y abordar esos patrones de pensamiento como un campeón. Nos sumergimos de cabeza en un ejercicio práctico de *El Poder de Dejar Ir: 7 Técnicas Efectivas sobre Cómo Dejar de Pensar Demasiado en el Pasado, Sanar Heridas Emocionales y (Finalmente) Disfrutar de la Libertad que te Mereces, Sin Rumiar.* ¿Listo para conquistar tu propio mundo de pensamientos?

Paso 1: Identifica el Evento Activador

Entonces, así es como empiezas: **presta atención**. Observa un evento que te haga pensar demasiado o rumiar. Esto podría ser cualquier cosa, desde tu jefe rechazando tu invitación a una reunión, hasta ese incómodo silencio durante una conversación con un amigo, o tal vez, una discusión con alguien importante.

Por ejemplo: "Mi amigo no ha respondido a mi mensaje desde hace dos días."

Paso 2: Toma Nota de tu Creencia Inmediata

Justo después de que ocurre ese evento, ¿cuál es la **creencia** que surge en tu mente? Esta primera respuesta es crucial.

Podrías pensar: "Me está ignorando... tal vez está enojado conmigo."

Paso 3: Examina la Consecuencia

Ahora, como los pensamientos son pequeños duendes astutos, conducen a sentimientos y comportamientos. ¿Cómo te hace sentir esa creencia? ¿Qué acciones inspira?

Digamos que podrías comenzar a sentir: "Ansioso, preocupado, frustrado" y empezar: "Pensar demasiado, enviar mensajes duplicados, o incluso evitar a otros amigos pensando que también están molestos."

Paso 4: Cuestiona la Creencia

Es hora de sacar esa lupa mental. ¿Son estas creencias verdades irrefutables, o podrían estar distorsionadas? **Pregúntate a ti mismo**: ¿Cuáles son otras explicaciones posibles? ¿Qué evidencia tengo a favor y en contra de esta creencia? ¿Mis pensamientos se basan en hechos, o son los sentimientos los que están al mando?

Considera, por ejemplo: "Quizás ella simplemente está ocupada... ¿qué más podría explicar su respuesta retrasada? Dijo que ha estado muy ocupada en el trabajo recientemente."

Paso 5: Reformula el Pensamiento

Aquí es donde entran en juego la reformulación y la reestructuración (piénsalo como el poder de editar en el guion de tu mente). Convierte esos pensamientos sombríos y llenos de ansiedad en algo más equilibrado y positivo.

Cambia de: "Me está ignorando y está enojada."

A: "Probablemente esté ocupada y me responderá cuando pueda."

Paso 6: Participa en un Diálogo Interno Positivo

Porque las charlas de ánimo felices no son cursis, son poderosas. Esto es hablarte a ti mismo como lo harías para animar a un amigo. **Soothe emocionalmente** tu mente ansiosa.

Las palabras podrían ser: "Soy importante para mi amiga, simplemente hemos pasado por un momento ocupado."

O: "Está bien no recibir una respuesta inmediata; no define nuestra amistad."

Paso 7: Aplica el Modelo ABC durante una Revisión Diaria de la Disforia

Para hacer del método ABC un hábito, intégralo en un ritual regular de revisión de pensamientos. Al final de cada día, **anota**:

- Un evento activador
- Las creencias que tuviste al respecto
- Consecuencias en tus sentimientos y acciones

Elige uno y sigue los pasos de cuestionamiento y reformulación. Este ejercicio diario garantiza que estás **reconfigurando** constantemente tus patrones de pensamiento.

Por ejemplo:

- "Amigo no respondió."
- "Está molesta."
- "Sintiendo ansiedad; evité enviar mensajes a otros amigos."

Luego, **cuestiona con calma**: "Quizás estoy interpretando mal la situación," y llega a "Está ocupada, está bien, responderá cuando pueda."

Paso 8: Celebra los Logros, ¡cada paso cuenta!

Felicítate por cada paso en el que **cuestiones, reformules** y **hables positivamente** a tu mente para salir de la preocupación.

Las palabras con las que podrías tratarte podrían ser: "¡Buen trabajo, Yo, por darme un respiro!" O: "Manejé eso mejor. ¡Eso es progreso!"

A través de estos pasos, arraigados en la magia del Capítulo 5 (reestructuración cognitiva, diálogo interno positivo y el Modelo

ABC), estás reentrenando tu cerebro hacia rutas más saludables y calmadas. Así que sigue adelante, elevando el estrés, un pensamiento a la vez, o debería decir, un pensamiento reformulado a la vez.

Capítulo 6: Fundamentos de la Regulación Emocional

"Cada vez que nos sentimos heridos, el propósito no es solo causarnos dolor, sino mostrarnos una lección."

¡Bienvenido! En este capítulo, hablaremos sobre cómo **manejar tus emociones** de manera más efectiva, una habilidad importante para vivir una vida equilibrada. ¿Alguna vez has sentido que estabas en una montaña rusa emocional sin forma de bajarte? ¿Sí? No estás solo.

¿No es frustrante cuando el estrés te consume o la ira burbujea incontrolablemente? El estrés, la frustración y la ira a menudo pueden sentirse como una tormenta no deseada. Pero la buena noticia es que no tienen por qué controlarnos. Con las herramientas adecuadas, podemos navegar a través de esos desafíos tormentosos y encontrar calma interior.

Comenzaremos con una introducción a la Terapia Conductual Dialéctica (TCD) y las habilidades muy prácticas que puedes usar en tu vida diaria. Luego exploraremos los principios de la Terapia de Aceptación y Compromiso (TAC) que te ayudarán a mantenerte conectado con tu momento presente, sin importar qué emociones estés sintiendo. A continuación, las **técnicas de enraizamiento** serán nuestro enfoque; estas son excelentes para ayudarte a mantenerte estable cuando las emociones se vuelven demasiado intensas.

¿Alguna vez has oído hablar de la Relajación Muscular Progresiva? Es más simple de lo que parece y realmente puede ayudar a reducir la tensión emocional. Y por último, tocaremos el tema del desarrollo de la resiliencia emocional—por qué es importante y cómo puedes construirla.

Quédate por aquí... al final, tendrás algunas estrategias sólidas para manejar tus emociones de manera más efectiva y encontrar más **paz** en tu vida diaria. ¿Listo? Empecemos.

Entrenamiento en habilidades de Terapia Dialéctica Conductual (TDC)

Nadie disfruta sentirse fuera de control cuando llegan emociones fuertes. **La regulación emocional** consiste en saber cómo identificar y manejar estos intensos arrebatos de sentimientos. Piénsalo como ser un controlador de tráfico para tus emociones. En lugar de simplemente reaccionar por impulso, puedes desarrollar la habilidad de pausar y pensar en tu respuesta.

Por ejemplo, supongamos que de repente te golpea una ola de tristeza porque surgió un recuerdo antiguo inesperadamente. En lugar de sumergirte de cabeza en esa tristeza, arriesgándote a una espiral de pensamientos más negativos, podrías decirte a ti mismo: "Vale, me siento así por ese recuerdo, pero no tengo por qué dejar que arruine mi día." Luego eliges activamente participar en una actividad positiva, tal vez hablar con un amigo o ver tu programa de televisión favorito, lo cual puede hacer maravillas en equilibrar las cosas.

Ahora hablemos de la tolerancia al malestar, palabras elegantes, lo sé. Pero todo lo que significa es manejar esos momentos difíciles sin empeorar las cosas para ti mismo. Todos hemos sentido que todo está en llamas de vez en cuando (¡y a veces literalmente!). Una de las formas de lidiar es usar la habilidad "STOP": Detente, Toma una respiración profunda, Observa lo que está sucediendo y Procede con atención plena.

¿Sabes ese sentimiento cuando nada parece salir bien? Digamos que has tenido un día agotador y el estrés solo se acumula. Utilizar habilidades de tolerancia al malestar en esos momentos puede evitar que explotes o tomes malas decisiones por desesperación. Es como construir una fortaleza mental para poder resistir la tormenta sin colapsar. Los planes de crisis podrían incluir algunas estrategias inmediatas, como salpicarte la cara con agua fría (es impactante pero efectivo), sostener cubitos de hielo para anclarte en la realidad, o emplear ejercicios de respiración para calmar tu mente.

Las relaciones saludables, son como oro. Y ahí es donde entra en juego la **efectividad interpersonal**. ¿Quieres mantener buenas relaciones, verdad? Los estudios recomiendan equilibrar cómo dices "no" o expresas necesidades y deseos sin pisotear los sentimientos de otra persona. Estas estrategias se clasifican en habilidades como manejar tus objetivos, considerar la salud a largo plazo de la relación y honrar tu autorespeto.

Imagina (no, espera, no imagines... solo reflexiona sobre esto) que estás en una conversación con un compañero de trabajo que quiere que asumas trabajo adicional. Podrías simplemente decir, "Uf, de ninguna manera." Pero un enfoque más saludable podría ser decir algo como, "Me encantaría ayudar, pero actualmente estoy abrumado con X. ¿Podríamos planificar esto más tarde?" Muestra que eres considerado y constructivo, no destructivo.

"Es esencial desarrollar estas habilidades, ya que mantenerlas puede mejorar significativamente tus relaciones interpersonales y autoestima."

Cuando se trata de desarrollar estas habilidades, se necesita práctica, como cualquier otra cosa en la vida. Piénsalo como entrenamiento de peso para tu cerebro. Flexiona esos músculos emocionales y sociales regularmente, y con el tiempo, naturalmente se fortalecerán.

En resumen:

- **Regulación Emocional**: Identifica la emoción, anclate a ti mismo, elige una actividad constructiva o un tren de pensamiento.
- **Tolerancia al Malestar**: Utiliza técnicas simples como "STOP" para evitar la escalada de la crisis, desde trucos mundanos hasta tácticas de distracción a gran escala.
- **Efectividad Interpersonal**: Equilibra tus necesidades y la salud de tus relaciones siendo claro pero considerado.

En última instancia, las habilidades de TDC pueden sentirse como una caja de herramientas emocional. Entonces, aunque la vida no viene con un manual, tener las herramientas adecuadas significa que puedes manejar las reparaciones que necesita tu casa emocional, solo un poco más fácilmente.

Principios de la Terapia de Aceptación y Compromiso (TAC)

Bueno, todos, vamos directo al grano. **TAC**—suena sofisticado, pero en realidad, es simplemente una forma de lidiar con todo el caos que está ocurriendo en tu cabeza. Y en esta sección, llegamos al meollo del asunto—cómo puede ayudarte a vivir una vida mejor, más relajada, utilizando la **Desfusión Cognitiva**, la **Aceptación** y la **Clarificación de Valores**.

Entonces, la **Desfusión Cognitiva**... suena como algo sacado de una película de ciencia ficción, ¿verdad? Pero no es nada demasiado complicado. Básicamente, se trata de distanciarse de los pensamientos perjudiciales. A menudo, nos enredamos en nuestra propia mente. Piénsalo—¿cuántas veces has caído en la negatividad por un solo pensamiento? La clave aquí es alejarte de esos pensamientos, entender que son solo palabras y sonidos en tu cabeza, no verdades absolutas. Visualiza poner esos molestos pensamientos en hojas y dejar que floten por un arroyo, o imagínalos como nubes que se alejan. No los estás eliminando, solo estás creando un poco de espacio... aire fresco.

Cuando se trata de la **Aceptación**, las cosas se vuelven un poco… personales. Todos tenemos sentimientos, y a veces, apestan—no hay otra forma de decirlo. Pero intentar alejarlos tiende a salir mal, haciéndolos más fuertes. Es crucial **dar la bienvenida a los sentimientos sin juzgar**. Piensa en sostener tus emociones como cuidarías algo precioso—no apretándolas tan fuerte que se rompan, sino suavemente, asegurándote de que no se escapen y causen más caos. Pruébalo la próxima vez que te sientas abrumado: observa la emoción, ponle un nombre y déjala estar. Es una práctica, como sembrar semillas que crecen lentamente en un jardín en el que te sientes bien solo siendo tú.

Luego, la **Clarificación de Valores**. Esto se trata de profundizar, descubrir qué es realmente importante para ti. No para tus padres, tus amigos o la sociedad—solo para ti. ¿Qué te despierta por las mañanas? ¿Cuáles son los ritmos con los que quieres que baile tu corazón? Piénsalo como una brújula; cuando conoces tus valores, tienes dirección. Simplifica las decisiones porque estás alineando acciones con lo que es importante en lugar de simplemente reaccionar ante la vida.

Aquí tienes una forma práctica de ponerlo todo junto:

- **Observa tus pensamientos**

  Cuando aparezca un pensamiento molesto, no lo rechaces. Haz una pausa. Obsérvalo. ¿Te está gritando algo? ¿Está siendo malo? Anótalo sin involucrarte.

- **Aléjate**

  Imagina ese pensamiento en una pantalla frente a ti o escríbelo. Crear incluso un pequeño espacio puede ayudarte a verlo por lo que es—solo un pensamiento.

- **Ponle nombre a tus sentimientos**

¿Tienes emociones abrumadoras? Genial—bueno, no tan genial, pero manejable. Dilo en voz alta. "Hey ansiedad, estás aquí de nuevo." Es como encontrarte con un viejo conocido (no un amigo, solo alguien que reconoces).

- **Acampa con la incomodidad**

  No intentes expulsar esas emociones. Siéntate con ellas como lo harías contigo mismo en una habitación silenciosa. Respira, deja que estén.

- **Clarifica tus valores**

  Hazte algunas preguntas profundas—¿qué es verdaderamente importante en este momento? ¿Salud? ¿Relaciones? ¿Creatividad? No se trata de metas que se pueden alcanzar, sino de principios duraderos que guían tus elecciones diarias.

Con el tiempo, estos pequeños pasos forman hábitos que encajan perfectamente en tu vida. Se trata de dejar que la vida fluya sin aferrarte demasiado a ella.

"El dolor es inevitable, pero el sufrimiento es opcional."

Al mantener espacio entre nuestros pensamientos y nosotros mismos, experimentamos tranquilidad que nos permite abrazar los altibajos de la vida.

Resumiendo todo, tienes un kit de herramientas. Con este enfoque completo, cada principio es una parte de un todo más grande. Hazlo parte de tu práctica diaria. La belleza radica en los pequeños cambios... pequeños movimientos que conducen a transformaciones sustanciales.

Técnicas de Enraizamiento para la Estabilidad

Vamos a explorar técnicas de enraizamiento que pueden ayudarte a mantenerte sólido en tu presente. El enraizamiento se trata de mantenerse conectado y presente... especialmente en momentos en los que tu mente intenta salirse de control.

El enraizamiento sensorial es como presionar el botón de pausa y salir de tu cabeza al involucrar tus cinco sentidos. Cuando te sientas ansioso, encuentra algo que puedas tocar, ver, oír, oler o saborear para traerte de vuelta al presente. Comienza por describir lo que ves en detalle, como si estuvieras pintando un cuadro con tus palabras. "El tejido rojo del sofá, un pequeño desgarro en la costura..." Toca algo con diferentes texturas y concéntrate en ello, como la superficie áspera de tu suéter. También puedes escuchar los sonidos a tu alrededor, ya sea el canto de los pájaros o el zumbido del tráfico. No subestimes el poder del olfato; encontrar un aroma favorito o tomar un té de menta puede enraizarte.

El enraizamiento físico implica sintonizar las sensaciones de tu cuerpo para mantener tus pies firmemente arraigados en el ahora. Puede sonar complicado, pero es tan simple como sentir el peso de tu cuerpo presionado contra tu silla o el suelo bajo tus pies. Presta atención a cómo estás sentado. ¿Tienes los hombros relajados o tensos? ¿Tu respiración es superficial o profunda? Incluso puedes mover los dedos de los pies o apretar y soltar los puños para centrar tu atención en tu experiencia física. Cuando haces ejercicio, esta técnica se pone en práctica naturalmente, ya sea corriendo, levantando pesas o haciendo yoga, concéntrate en cómo se siente tu cuerpo.

El enraizamiento cognitivo consiste en hacer que tus pensamientos se queden en el momento presente. A veces a nuestras mentes les gusta divagar... a menudo hacia lugares no tan saludables. El enraizamiento cognitivo ayuda a traer de vuelta tus pensamientos a casa. Un truco divertido es llevar contigo un objeto de enraizamiento; algo pequeño que puedas guardar en tu bolsillo, como una piedra suave o un abalorio de preocupación, y cada vez que te distraigas o te adelantes en tu mente, agárralo. **Nate Zeller escribe,**

"A veces no se trata de cuánto tienes que decir, sino de dejar que esa fuerza silenciosa hable por ti cuando estás empezando a perder el control".

Aquí tienes otro consejo útil: cuenta hacia atrás desde 100 en sietes. Créeme, no es tan fácil como suena, y obliga a tu cerebro a concentrarse. O tal vez puedas nombrar cada estado del país, cada forma que ves alrededor de tu habitación, o cada canción que has escuchado ese día... Al prestar atención a lo que te rodea en lugar de divagar en preocupaciones futuras o arrepentimientos pasados, te estás dando un espacio para respirar.

Al utilizar estas técnicas, te proporcionas una forma de recentrarte y enraizarte en el aquí y ahora. El enraizamiento sensorial te conecta con lo que puedes involucrarte directamente, el enraizamiento físico te recuerda tu presencia corporal, y el enraizamiento cognitivo ayuda a mantener tu mente de moverse como un péndulo salvaje. ¿Hay alguna técnica que destaque por encima de las demás? Probablemente no. Más bien, es en la práctica consistente y diaria de estas técnicas donde se fortalece la base de tu regulación emocional.

Mantente conectado con tu yo presente, ya sea con el suave roce del viento en tu rostro, la sensación del suelo bajo tus pies, o simplemente la gravedad de tu presencia en este espacio en este momento, aquí y ahora.

Relajación Muscular Progresiva (RMP)

La Relajación Muscular Progresiva, o **RMP** para abreviar, consiste en la tensión y relajación sistemática de tus músculos, y es una excelente manera de ayudar a calmar tu mente. Un enfoque secuencial comienza con las manos, se mueve hacia arriba y luego va hacia la parte inferior del cuerpo. Piénsalo de esta manera: estás trabajando para que cada parte de tu cuerpo pase de estar tenso a completamente relajado. Bastante simple, ¿verdad?

Comenzarás eligiendo un grupo muscular, digamos tus puños. Aprieta una mano en un puño apretado durante unos cinco segundos. Realmente siente la tensión en esos músculos. Luego, al exhalar, déjalo ir. Abre y libera tus dedos suavemente. Notarás una ola de relajación moviéndose hacia la mano.

Continúa este proceso con otros grupos musculares:

- Aprieta tus bíceps, luego déjalos relajarse.
- Junta tus omóplatos, luego suéltalos.
- Tensa los músculos de tu cuello levantando los hombros y luego déjalos caer.

Activar esos músculos uno por uno antes de relajarlos libera la tensión acumulada, como exprimir una esponja llena de estrés.

La respiración también juega un papel importante aquí. Inhala profundamente mientras tensas los músculos. Cuando exhalas, deja que la respiración indique a tus músculos que ahora pueden relajarse. La respiración y los músculos trabajando juntos crean una especie de ritmo, como un baile bien ensayado: tensión, relajación, inhalación, exhalación.

Déjame decirte, la práctica regular es donde realmente comienzas a ver cambios. Es como regar una planta; ¡no puedes simplemente olvidarte después del primer intento! Establecer el hábito de la RMP significa que incluso cuando la vida presente desafíos inesperados, tienes una estrategia a la que recurrir.

"Respira profundamente, porque esta respiración es a la que volverás" -esta frase no es solo motivación vacía. Cada respiración te ayuda a centrarte en el momento presente, dejando menos espacio para darle vueltas a cosas que no puedes cambiar.

Considera esto: estás en tu escritorio y tienes una pila de trabajo. La tensión comienza desde la espalda y los hombros antes de subir hacia el cuello. Eso es mucha energía muscular dedicada a 'estar estresado'. ¿Qué pasaría si te recuestas y conscientemente tensas y relajas estos músculos, coordinando con tu respiración? Probablemente descubrirás que estás de vuelta y listo, incluso un poco más renovado.

Comienza con una sesión rápida y diaria. Dos, a veces tres minutos antes de acostarte o cuando tomes esa pausa a mediodía pueden ser transformadores. Lentamente, a medida que te sientas más cómodo con el ritmo, amplía a diferentes grupos musculares e incorpóralo en sesiones de relajación más largas. Realmente funciona maravillas, casi como pavimentar un camino desde la abrumación de vuelta a la calma. Así que no escatimes en esas respiraciones entre la tensión y la relajación, están haciendo mucho trabajo detrás de escena.

Y escucha, no te saltes las sesiones pensando: "Oh, hoy me siento bien". La práctica regular mantiene ese banco de calma bien abastecido para cuando las cosas se pongan bastante locas.

Piensa en la RMP como tu mini botón de 'reset' disperso a lo largo de tu día. Perfecto para esos momentos en los que el estrés intenta volver sigilosamente. Los músculos son como esponjas; absorben el estrés sin importar qué. Exprime esa tensión poco a poco, respira a través de ella y, con práctica regular, notarás que esto se convierte en algo natural. Comenzarás a relajarte más rápidamente, y hey, ¿quién no necesita un poco más de zen en su vida?

Desarrollando Resiliencia Emocional

Construir **resiliencia emocional** no se trata solo de recuperarse; se trata de aprender, adaptarse y mantenerte más fuerte ante los desafíos de la vida. Así es como puedes empezar:

La **adaptación al estrés** consiste en encontrar formas positivas de manejar el estrés en lugar de dejar que te controle. Por ejemplo, si el trabajo se vuelve abrumador, intenta tomar pequeños descansos para dar un paseo rápido o incluso practicar la atención plena. Te sorprendería lo que unos momentos enfocados en tu respiración pueden hacer para reiniciar tu mente. Otra forma podría ser dedicarte a pasatiempos o actividades que amas: leer, cocinar, tocar un instrumento. Las situaciones estresantes pueden ser inevitables, pero tus reacciones pueden moldearse para beneficiar tu bienestar.

Pasando a la **autocompasión**. ¿Alguna vez te has criticado por un error? No estás solo. Pero el truco es tratarte a ti mismo como tratarías a un querido amigo que enfrenta los mismos problemas. Suena simple, porque lo es. Quizás cometiste un error en una presentación en el trabajo; en lugar de obsesionarte, reconócelo, aprende de él y dite a ti mismo que está bien cometer errores a veces. Nos pasa a todos. **Sé comprensivo** y recuerda tus fortalezas y logros pasados.

Luego, entrenarte para ser más **optimista** es como encontrar el sol incluso en días nublados. No significa pretender que todo es perfecto, sino enfocarte en lo que está yendo bien. Mantener un diario de gratitud es una forma efectiva pero fácil. Simplemente anota algunas cosas por las que estás agradecido cada día, grandes o pequeñas. Quizás tuviste una noche acogedora con un ser querido o una agradable charla con un amigo. Hay momentos positivos, solo tienes que notarlos más activamente.

Considera esto: "La vida es 10% lo que te pasa y 90% cómo reaccionas a ello." Piénsalo... mucho depende de tu **mentalidad**. Cuando las cosas no salen como se planeaba, busca la lección en lugar de obsesionarte con el fracaso. Si no conseguiste ese trabajo, piensa en *por qué* y úsalo para prepararte mejor para la próxima oportunidad.

Así que en la práctica, esto es lo que puedes hacer:

- Cuando te enfrentes a una emoción incómoda, haz una pausa. No reacciones impulsivamente. Tal vez cuenta hasta 10 o respira profundamente unas cuantas veces.
- Acude a otros. Habla con amigos o familiares que te entiendan. Compartir puede aliviar la carga emocional.
- Divide problemas grandes en tareas más pequeñas. ¿Te sientes abrumado con todo? Prioriza y aborda poco a poco.

Y cuando la vida se pone difícil, centrarse en estos pasos también puede ser crítico:

Paso 1: Practicar la Autocompasión

Sé amable contigo mismo. ¿Importó el pensamiento? De acuerdo, aplica la lección, pero deja fuera el castigo personal. Piensa en términos de mejora, no de crítica.

Paso 2: Participar en Hábitos Positivos

Haz cosas que te traigan alegría o relajación. Tal vez sea la jardinería, tal vez sea andar en bicicleta. Algo que te ayude a relajarte y recargar energías. Te sorprendería cuánta diferencia puede hacer esto.

Paso 3: Cambiar la Perspectiva a Positiva

Entrena tu mente para ver el lado positivo. ¿Perdiste el autobús? Es frustrante, claro, pero puedes leer ese artículo interesante o disfrutar de cuarenta minutos de *tiempo para ti*. Comienza poco a poco, reflexiona sobre una cosa buena de tu día todas las noches.

Construir **resiliencia** es como un músculo; cuanto más practiques, más fuerte te volverás. La vida presenta desafíos, pero adoptar estas prácticas puede hacer que manejarlos sea más manejable y menos abrumador. Todo esto requiere práctica y compromiso, pero recuerda, incluso pequeños pasos consistentes conducen a un progreso significativo.

¡Vamos a ser prácticos!

Bien, ¡remanguémonos y adentrémonos en algunos ejercicios útiles del Capítulo 6! Estamos hablando de **Fundamentos de Regulación Emocional** aquí, mezclando algunas técnicas de **DBT**, **ACT**, de enraizamiento, **PMR**, y resistencia emocional. Esto no se trata solo de leer, sino de dar vida a estos conceptos en tu día a día.

Entonces, ¿cuál es el trato aquí? Vamos a abordarlo paso a paso. Imagina que te estás equipando con un kit para manejar esas mareas emocionales.

Paso 1: Técnicas de Enraizamiento para la Estabilidad

Cuando las emociones se descontrolan, las técnicas de enraizamiento pueden ser tu ancla. Nuestra primera parada es mantenernos en el momento presente.

Qué hacer:

Comienza con el ejercicio de enraizamiento **5-4-3-2-1**. ¿Listo?

- **Encuentra cinco cosas que puedes ver:** Mira a tu alrededor y nómbralas silenciosamente: lámpara, libro, árbol, reloj, bolígrafo.
    - Ejemplo: "Ahí está el marco azul en el escritorio."
- **Localiza cuatro cosas que puedes tocar:** Concéntrate en la textura.
    - Ejemplo: "Mi almohada se siente suave y mullida."
- **Identifica tres cosas que puedes oír:** Agudiza tu oído.
    - Ejemplo: "Escucho la música de mi vecino a través de la pared."
- **Reconoce dos cosas que puedes oler:** ¡Ojalá algo agradable!
    - Ejemplo: "Huelo el café fresco que se está preparando."

- **Reconoce una cosa que puedes saborear:** Conéctate con tu sentido del gusto.
    - Ejemplo: "Aún siento el sabor a menta de mi té matutino."

Paso 2: DBT - Atención Plena

Ahora que estás enraizado, vamos a incorporar algo de atención plena al estilo de DBT. Esto es como el arte de la erudición sin juicios en el momento presente.

Qué hacer:

Practica la técnica de **"Observar y Describir"**. Dedica unos minutos a esto.

- **Observa:** Simplemente nota tus pensamientos, sentimientos y sensaciones. Déjalos ser.
    - Ejemplo: "Observo que mi corazón late más rápido."
- **Describe:** Expresa tus observaciones con palabras sin juicios.
    - Ejemplo: "Mi corazón late rápidamente. Me siento un poco ansioso."

Paso 3: ACT - Aceptación

Actúa no solo observando, sino aceptando. Todo se trata de sostener tus pensamientos ligeramente.

Qué hacer:

Juega con la visualización de **"Hojas en un Arroyo"**.

- **Siéntate en silencio e imagina un arroyo:** Visualiza tus pensamientos fluyendo como hojas. No te aferras a ellos; déjalos pasar.
    - Ejemplo: "Allá va una hoja verde con mi estrés por el trabajo."

- **Practica dejar ir:** A medida que cada pensamiento o preocupación pasa, acéptalo suavemente y déjalo alejarse en su hoja.
    - Ejemplo: "Ah, aquí está ese pensamiento persistente sobre mi reunión. Adiós, hoja."

Paso 4: Relajación Muscular Progresiva (PMR)

Es hora de pasar a lo físico y liberar la tensión con PMR.

Qué hacer:

Realiza un ciclo de tensión y relajación.

- **Tensar y Relajar:** Trabaja de la cabeza a los pies, tensando brevemente cada grupo muscular y luego relajando.
    - Ejemplo: "Aprieta los puños fuertemente por 5 segundos, luego suelta y nota la relajación."
- **Tómate tu tiempo:** Lento y constante aquí, prestando atención al contraste entre la tensión y la relajación.

Paso 5: Construyendo Resistencia Emocional

Unamos todo esto para construir esa mentalidad resiliente.

Qué hacer:

Practica la gratitud y las afirmaciones.

- **Diario de Gratitud:** Escribe tres cosas por las que estás agradecido. Concéntrate en los pequeños logros.
    - Ejemplo: "Estoy agradecido por mi cama acogedora, la llamada de un amigo hoy y la deliciosa cena casera."
- **Afirmaciones Diarias:** Di afirmaciones positivas sobre ti mismo y tu día.
    - Ejemplo: "Soy capaz de manejar cualquier cosa que se me presente."

¿Ves cómo se entrelazan todos estos hilos? Estás combinando enraizamiento, observación (de DBT), aceptación (de ACT), relajación muscular y finalmente fomentando la resiliencia a través de prácticas positivas.

Sigue practicando estos pasos regularmente y verás que se vuelve algo natural, brindándote una estructura gentil pero sólida para manejar esas subidas y bajadas emocionales. Y hey, la práctica hace... ¡mejor! No se necesita la perfección aquí, solo un poco mejor que ayer.

Tómatelo con calma, sé amable contigo mismo y, como siempre, sigue adelante.

Parte 3: Practicando el Dejar Ir

Capítulo 7: Técnicas Efectivas para Alivio Inmediato

"A veces, el paso más pequeño en la dirección correcta termina siendo el más grande de tu vida."

¿Alguna vez has sentido que tu mente está girando y no hay salida? **Capítulo 7** trata sobre esos pasos inmediatos y poderosos que pueden ayudarte a recuperar el control. Imagina aprender técnicas que pueden detener tus pensamientos en seco o enfrentar tus miedos con valentía. ¿Suena útil, verdad?

Comencemos con una declaración impactante: ¿Sabías que métodos simples pueden cambiar tu estado de ánimo y mente instantáneamente? Sin bromas, ya sea deteniendo esos pensamientos molestos o anclándote en un momento de pánico, cada técnica en este capítulo tiene un gran impacto.

Desde **Detener el Pensamiento** hasta **Terapia de Exposición**, pasaremos por estrategias que se pueden poner en práctica. Imagina usar Activación Conductual para moverte cuando la depresión golpea, o la Técnica de Liberación Emocional (EFT) para aliviar la ansiedad. También encontrarás Ejercicios Rápidos de Anclaje aquí para ayudarte a mantenerte centrado.

¿Te sientes abrumado por preocupaciones o miedos? Encuentra algunas **Soluciones Acogedoras y Efectivas** en este capítulo. Para cuando termines de leer este capítulo, tendrás un arsenal de métodos para calmar tu mente y cuerpo. ¿Listo para transformar tu día con pasos prácticos y victorias emocionales? ¡Sigue leyendo!

Métodos para Detener el Pensamiento

¿Los patrones de pensamiento negativo pueden ser molestos, verdad? Se presentan de repente y persisten, nublando nuestras mentes con preocupaciones inútiles. Así que hablemos sobre cómo identificar y interrumpirlos, no son invencibles. Cuando te encuentres pensando demasiado, reconocer estos patrones es el primer paso. Puedes escuchar esa voz crítica diciendo, "¿Por qué hice eso?" o "Siempre arruino las cosas." Sí, es familiar... y no es útil.

Entonces, ¿qué sigue? Interrumpe ese patrón usando una señal de alto. Esto podría ser una imagen mental, una palabra o incluso un acto físico. **Paso 1: Nota el Ciclo de Sobre Pensamiento**—el momento en que tu mente se sumerge en las mismas preocupaciones de siempre. Ese es tu aviso para intervenir con una señal de alto. Ya sea un fuerte "¡Alto!" en tu mente o un semáforo rojo imaginario, el objetivo es detener el bucle negativo.

Una vez que hayas frenado, es hora del **Paso 2: Llenar el Vacío**. Los pensamientos negativos no son fáciles de borrar; dejan un espacio que necesita ser llenado. Aquí es donde entran en juego las afirmaciones positivas. Estas son declaraciones simples y elevadoras sobre algún aspecto de ti mismo o de tu situación. Por ejemplo, si tu pensamiento negativo es, "Siempre fallo", reemplázalo con, "Aprendo de cada experiencia."

Desglosemos más:

- **Rompe el Hábito:** Cuando notes que se forma un ciclo, interrúmpelo. Coloca una pegatina mental de "alto" en ese pensamiento. Usar una banda de goma en tu muñeca y pellizcarla ligeramente puede proporcionar un shock físico—lo suficiente para desviar tu atención.

- **Entradas Positivas:** Una vez que se haya interrumpido el ciclo, introduce algo positivo. Repite una afirmación. Considera: "Este desafío no me define", o "He tenido éxito antes y puedo hacerlo de nuevo."

Es cierto que las afirmaciones pueden parecer cursis a simple vista… pero piénsalo: creemos en nuestra propia crítica, ¿por qué no en nuestra propia positividad? Puedes recordarte **constantemente** estas afirmaciones. Colócalas en notas adhesivas alrededor de tu casa, o pon recordatorios en tu teléfono. No son una varita mágica… pero útiles, sin duda.

Aquí hay algo que ayuda: Literalmente estás reconfigurando tu cerebro cuando interrumpes los pensamientos negativos y los reemplazas por positivos. "Somos lo que pensamos repetidamente." Una verdad sencilla—que no siempre es fácil, pero totalmente factible.

Permíteme compartir un **proceso sencillo**.

Paso 1: Identifica los Patrones de Pensamiento Negativo

- Atrápate en la autodepreciación.
- Nota cuándo estás revisitando antiguos escenarios en tu mente.
- Sé consciente de los pensamientos desencadenados por el estrés.

Paso 2: Usa una Señal de Alto

- ¡Grita mentalmente "¡Alto!"!
- Visualiza un letrero de Alto rojo brillante.
- Pellízcate con una banda de goma en la muñeca.

Paso 3: Reemplaza con Afirmaciones

- "Soy capaz."

- "Cada paso hacia adelante cuenta."
- "Esta es una experiencia de aprendizaje."

Imagina que tu cerebro es como tu dispositivo favorito. Cuando un pensamiento negativo (virus) ocurre, nuestro objetivo: presionar "reiniciar" y dejar que las actualizaciones (afirmaciones positivas) reemplacen los archivos corruptos.

En la práctica diaria, mantén estos recordatorios cerca, haciendo tu mejor esfuerzo para reconocer e inmediatamente reemplazar los bucles negativos. No necesitas ser perfecto al respecto—el cambio lleva tiempo. Concéntrate en el progreso y las pequeñas victorias.

Para resaltar, observa cómo interactúan estos elementos:

"La charla interna moldea la identidad... obstaculiza los bucles negativos para revelar un yo renovado."

Siéntete libre de dejar notas adhesivas con afirmaciones en tus lugares favoritos. Recuérdalo: mereces amabilidad contigo mismo. Piensa en momentos prácticos y breves que importan.

Sigue avanzando—método, recordatorio a la mano. Confía en esas señales de alto y declaraciones positivas. Y algunos autos-regalos de vez en cuando.

¿Listo para detener esas molestas rutas negativas? Prueba estos pasos, simples, eficientes, siempre el progreso sobre la perfección.

Terapia de Exposición para Reducir el Miedo.

Cuando se trata de enfrentar nuestros miedos, la **exposición gradual** puede marcar una gran diferencia. Se trata de introducirte lentamente a las cosas que te causan ansiedad, de una manera manejable. Piénsalo como mojar los pies en el **agua** antes de sumergirte, no es necesario lanzarte de una vez.

Comienza creando una **jerarquía de situaciones que generan miedo**. Estas pueden ir desde un nivel de estrés leve hasta aterrador. Escribe estas situaciones en una lista y organízalas de menos a más aterradoras. Por ejemplo, si tienes miedo de hablar en público:

- Hablar frente a un miembro de la familia
- Hablar en un pequeño grupo de amigos
- Dar una presentación a un pequeño equipo en el trabajo
- Hablar en una reunión de un equipo más grande
- Dar un discurso frente a una audiencia más grande

Paso 1: Crea la Lista

Toma un cuaderno y apunta diferentes situaciones que te causan ansiedad. No lo pienses demasiado, deja que las situaciones fluyan.

Paso 2: Organiza tu Lista

Una vez que tengas tu lista, arréglala de menos a más aterradoras. Esta es tu guía, así que tómate tu tiempo con ella.

Paso 3: Comienza Pequeño

Elige una situación de la parte inferior de tu lista. Por ejemplo, si la idea de hablar en público te aterra, tal vez comienza hablando en un grupo pequeño. Intenta hacer un breve discurso frente a tu familia en la cena. Claro, puede ser incómodo al principio, pero el objetivo es mojarte los pies sin lanzarte a lo profundo.

Repetir estos **pequeños pasos** ayuda a aumentar tu tolerancia. La **exposición repetida** entrena a tu mente para ver que la situación podría no ser tan mala como parece. Esto es clave. Con el tiempo, tus miedos no parecerán tan grandes. Si hablar en la cena familiar se vuelve más fácil, pasa al siguiente paso: quizás un grupo en el trabajo.

"Sentir miedo está bien, pero dejar que ese miedo nos controle no lo está."

Aquí tienes un truco simple: cada vez que completes un paso, felicítate a ti mismo. El éxito en pequeños pasos cuenta (créeme), y son esas pequeñas victorias las que hacen que las tareas más grandes se sientan menos abrumadoras.

Recorrer tu lista puede llevar algo de tiempo, y está bien. No hay prisa. El objetivo es **aumentar tu tolerancia** y reducir el miedo poco a poco. Descubrirás que enfrentar tus miedos es una maratón, no una carrera.

Pero ten en cuenta esto, porque esto no es algo que simplemente marcas en una lista. Habrá obstáculos, tal vez retrocesos, pero mantener la consistencia valdrá la pena. El miedo no tiene por qué controlar tu vida, tú—tú controlas cómo lidiar con él.

Paso a paso, día a día—las partes pequeñas eventualmente sumarán un gran cambio. Aquí está a enfrentar tus miedos una pequeña victoria a la vez... y sentirte mucho más ligero. No dudes en darte un margen, se trata más del **proceso** que del destino (¿ves lo que hice allí?).

Así que inténtalo. Tu futuro yo podría agradecértelo.

Estrategias de Activación Conductual

Cuando intentas encontrar alivio inmediato del exceso de pensamientos y heridas emocionales, **programar actividades atractivas** puede hacer maravillas. No subestimes el poder de mejorar el estado de ánimo simplemente planificando actividades divertidas. ¿Alguna vez has notado cómo una clase de baile, un paseo por el parque o incluso una acogedora noche de cine eleva tu espíritu? Estos pequeños momentos de alegría ayudan a mantener a raya los pensamientos negativos.

Paso 1: Elegir Actividades que Disfrutes

Adelante y haz una lista de lo que disfrutas hacer: leer, andar en bicicleta, tal vez cocinar una nueva receta. No tiene que ser elegante o complicado; se trata de hacer algo que te haga sonreír. El objetivo principal no es la grandeza, sino la satisfacción.

Tomar el control de tu horario, sin embargo, implica establecer **metas alcanzables para tus tareas diarias.** Divide las cosas en pequeñas piezas manejables. Puede ser tan simple como "leer durante 20 minutos" o "dar una vuelta alrededor de la manzana". Metas alcanzables significan que sentirás esa pequeña oleada de logro con cada tarea completada. Eso no debe subestimarse, construye impulso y da una sensación de progreso.

Paso 2: Establecer Pequeñas Metas Diarias

Comienza tu día con una meta. Tal vez sea preparar un desayuno sencillo o enfrentarte a esa montaña de ropa que te está mirando fijamente. Escríbelo (en serio, ponlo en tu planificador), ese pequeño acto puede marcar una gran diferencia. Cuando los pensamientos se agolpan, identifica estos pequeños objetivos como escalones.

A medida que avanzas, **supervisa tu progreso y ajusta según sea necesario.** Es esencial porque a veces no todo saldrá según lo planeado. Tal vez tenías como objetivo leer un capítulo, pero solo lograste una página. Está bien. Lo más importante es reflexionar y reconocer cuándo y dónde se necesitan ajustes.

Paso 3: Revisar y Ajustar tu Plan

Tómate un minuto cada noche para revisar lo que funcionó y lo que no. Cada logro recibe un check—incluso las victorias parciales deben ser celebradas. ¿Fallaste en tus metas? Ajusta. "Leer un capítulo" se convierte en "leer las dos primeras páginas". Al recalibrar constantemente, adaptas tu estrategia a lo que funciona mejor para ti.

Hablando de conceptos esenciales, detengámonos un momento para un poco de sabiduría—

"El progreso rara vez viene de dar saltos gigantes, sino de dar pequeños y deliberados pasos hacia adelante."

En esencia, no seas duro contigo mismo cuando las metas pequeñas no se cumplen. En cambio, considera estos como más piezas del rompecabezas que puedes encajar mejor la próxima vez.

Para hacer esto práctico, los puntos con viñetas a menudo son útiles:

- Siempre ten una lista de actividades a las que puedas recurrir instantáneamente para mejorar tu estado de ánimo.
- Usa planificadores o recordatorios digitales para el seguimiento de metas.
- Celebra las pequeñas victorias—en serio, cualquier victoria cuenta.

Estas estrategias implican equilibrar coherencia con un enfoque casual, asegurando manualmente que cada parte del plan se ajuste a la vida real. Reconoce y acepta la necesidad de flexibilidad. Participa en actividades que generen alegría, manten las metas alcanzables y supervisa constantemente tus pasos... ajustando sin culpa.

Técnica de Liberación Emocional (EFT) Tapping

Tapping o EFT es un método único que se dirige a puntos específicos del cuerpo para reducir la angustia emocional. Entonces, ¿cómo funciona? Es bastante simple en realidad, en EFT, golpeamos puntos de acupresión específicos en el cuerpo, siguiendo una secuencia establecida para abordar varios desafíos emocionales. Este enfoque combina lo mejor de ambos mundos, la acupuntura y la psicología.

Permíteme guiarte a través de una secuencia básica de tapping. **Paso 1: Golpe de Karate** (El lateral de tu mano). Comienza golpeando el lateral de tu mano con las yemas de los dedos de la otra mano. Aquí es donde establecemos nuestra declaración de preparación, que generalmente es algo como, "Aunque tengo este [problema], me acepto a mí mismo".

Paso 2: Punto de la Ceja (Donde comienzan las cejas, al lado de la nariz). Usa dos dedos para golpear suavemente este punto, enfocándote en el problema que deseas abordar. Sigue repitiendo suavemente la declaración del problema.

Paso 3: Lateral del Ojo (Junto a la esquina exterior de tus ojos). Continúa golpeando mientras piensas o hablas suavemente sobre el problema con el que estás lidiando.

Paso 4: Debajo de los Ojos (El hueso debajo de tus ojos). Los golpes suaves funcionan mejor aquí, ya que la piel es delicada. Esto ayuda a liberar la tensión emocional que podría estar acumulada.

Paso 5: Debajo de la Nariz (Entre tu labio superior y la nariz). Unos pocos golpes suaves mientras te mantienes enfocado mentalmente en tu problema.

Paso 6: Punto del Mentón (A medio camino entre la parte inferior de tu labio inferior y el punto de tu mentón). Golpear aquí ayuda a disolver aún más los bloqueos emocionales.

Paso 7: Clavícula (Donde se encuentran tus clavículas). Este punto necesita golpes firmes pero suaves para seguir rompiendo los patrones emocionales.

Paso 8: Debajo del Brazo (A unas cuatro pulgadas por debajo de la axila). Usa tus yemas de los dedos para golpear aquí, ya que ayuda a liberar la última pieza de estrés emocional almacenado.

Paso 9: Parte Superior de la Cabeza (La coronilla de tu cabeza). Termina la secuencia golpeando suavemente directamente en la parte superior de tu cabeza. Hacerlo ayuda a recalibrar todo tu sistema.

Combina estas acciones físicas con afirmaciones para amplificar el efecto. Por ejemplo, mientras golpeas en cada punto, podrías decir, "Libero y dejo ir cualquier emoción negativa que esté relacionada con este recuerdo", o "Estoy seguro y estoy bien".

Aquí tienes una cita en bloque interesante para recordar:

"La negatividad solo tiene el poder que le das."

Incorpora afirmaciones positivas mientras haces tapping, ayudando a tu mente a cambiar el enfoque de la negatividad. Es como decirle a tu cerebro que todo estará bien, dándole una charla mental en pedacitos. ¿Divertido, verdad?

El tapping es maravilloso cuando te sientes abrumado también. ¿Alguna vez has tenido uno de esos momentos en los que todo parece simplemente... demasiado? ¡Prueba el tapping! Encuentra un lugar cómodo, sigue los puntos de tapping y observa cómo tu estrés se derrite como un helado en un día caluroso (todos podemos relacionarnos, ¿verdad?).

Además, aquí tienes un consejo interesante: Intenta temas emocionales específicos para cada sesión. Tal vez comienza la semana enfocándote en el "estrés en el trabajo", y otro día cambia a "preocupaciones en la relación". Adaptar tu sesión de tapping puede hacerla bastante poderosa. Por ejemplo:

- ¿Sientes ira? Dirige los puntos del lateral, debajo del ojo y debajo del brazo.

- ¿Estás ansioso? Haz tapping en tu ceja, clavícula y mentón.
- ¿Estresado? Concéntrate intensamente en los puntos del lateral, nariz y debajo del brazo.

Incorpora tu creatividad, adapta las técnicas como propias. Se trata de hacer que funcione para ti. Y francamente, con práctica, se vuelve algo natural. Pruébalo la próxima vez que algo te tenga todo enredado, y observa cómo te sientes después.

Ejercicios rápidos de enraizamiento

Sentirse abrumado por el exceso de pensamientos puede ser un verdadero desafío, y a veces necesitas una forma rápida de centrar tu mente y calmar esa tormenta mental. Aquí tienes algunas técnicas de enraizamiento que puedes usar de inmediato para obtener alivio inmediato.

Paso 1: Método Sensorial 5-4-3-2-1

Este es muy útil para salir de tu cabeza. La idea es enfocarte en tu entorno y enraizarte a través de tus sentidos. Empieza mirando a tu alrededor e involucrando tus sentidos.

- **5 vistas:** Mira a tu alrededor y nombra cinco cosas que puedas ver. Puede ser la esquina de un cuadro, una taza de café en la mesa, el color azul de un cuaderno, una pequeña planta. Cualquier cosa dentro de tu campo visual cuenta.
- **4 sonidos:** A continuación, nombra cuatro cosas que puedas escuchar. El canto de los pájaros afuera, el zumbido bajo del aire acondicionado, tal vez murmullos distantes, o el suave crujir de las hojas. Solo escucha.
- **3 toques:** Nombra tres cosas que puedas tocar. Tal vez la tela de tu sofá, la superficie lisa de tu escritorio, o el calor de tu taza. Siente las texturas.

- **2 olores:** ¿Cuáles son dos cosas que puedas oler? Café recién hecho, una vela con aroma a pino, u otra cosa a tu alrededor. Inspira.
- **1 sabor:** Nombra una cosa que puedas saborear. Ya sea el sabor persistente de tu última comida o un sorbo de agua, solo obsérvalo.

Al final de este ejercicio, deberías sentirte más presente y menos atrapado en tus preocupaciones. He encontrado que esto realmente enraíza. En serio, es increíble cómo enfocarte en tus sentidos te saca de la sobrethinking.

Paso 2: Ejercicios de Respiración Profunda

Cuando estás ansioso, la respiración superficial a menudo empeora las cosas. La respiración profunda puede marcar una gran diferencia.

- **Encuentra un lugar tranquilo**: Siéntate o acuéstate cómodamente.
- **Inhala**: Toma una respiración lenta y profunda por la nariz, contando hasta cuatro mientras lo haces.
- **Retén el aire**: Aguanta la respiración durante cuatro segundos. (Se siente un poco largo, ¡pero puedes hacerlo!)
- **Exhala**: Respira lentamente por la boca, contando hasta cuatro nuevamente.
- **Repite**: Haz esto al menos tres veces, o hasta que te sientas más tranquilo.

La respiración profunda ayuda a disminuir tu ritmo cardíaco y relaja tus músculos, desviando tu enfoque de los pensamientos acelerados. Algunas personas incluso les gusta visualizar una escena tranquila mientras respiran, como un prado pacífico... cualquier cosa que te ayude a sentirte más relajado.

Involúcrate con tu entorno inmediato para mantenerte presente

Cuando tu mente comienza a espiral, lo peor es quedarse atrapado en ese ciclo. Rompe participando con lo que te rodea.

- **Levántate y muévete**: Sal a caminar (los actos simples hacen maravillas). Siente el suelo bajo tus pies. Mira al cielo.
- **Toca objetos**: Cualquier cosa cerca, como un libro, una taza, o incluso tu camisa. Siente las texturas y formas.
- **Lleva conciencia a las tareas diarias**: Comer, lavar los platos, o incluso doblar la ropa puede ser enraizante. Pon toda tu atención en el proceso.

Al sumergirte en el mundo físico, ayudas a interrumpir la angustia emocional y a reducir la intensidad de la sobrethinking. Hace que sea más fácil permanecer en el presente.

Permanecer presente en el momento puede reducir drásticamente el agarre de la ansiedad y el estrés. Mira a tu alrededor, respira profundamente y suelta lo que no puedes controlar.

Prueba estos ejercicios la próxima vez que te sientas abrumado por pensamientos sobre el pasado. Cambia tu enfoque de lo que está dentro de tu cabeza a lo que está justo frente a ti. Podrías encontrar un poco de paz en el aquí y ahora. Y ¿quién no necesita un poco más de paz en estos días?

Recuerda, el objetivo no es suprimir los pensamientos, sino reducir su impacto y recuperar tu calma. Siéntete libre de probar estos ejercicios en cualquier momento que necesites un reinicio mental rápido.

¡Vamos a Ser Prácticos!

En este ejercicio, estamos poniendo en práctica el conocimiento del Capítulo 7, transformando la teoría en una rutina práctica que puede ofrecer alivio inmediato del exceso de pensamientos y la angustia emocional. Mezclaremos diferentes técnicas como detener los pensamientos, exposición, activación conductual, tapping de EFT y enraizamiento. ¿Listo? ¡Vamos a ello!

Paso 1: Detener los Pensamientos

Cuando tu mente comience a dar vueltas en exceso de pensamientos, atrápate a ti mismo y literalmente di o piensa la palabra **"¡Para!"** Esta interrupción ayuda a romper el ciclo. Ejemplo: Estás preocupado sin parar por una reunión que se aproxima. En tu mente, grita, **"¡Para!"**

Después, reemplaza esa espiral negativa con pensamientos más constructivos. En lugar de estresarte, piensa, **"Estoy preparado y sé de lo que hablo."**

Paso 2: Terapia de Exposición para Reducir el Miedo

Elige algo que te asuste (pero comienza con algo pequeño) y exponte gradualmente a ello. Ejemplo: ¿Aterrorizado por las situaciones sociales? Comienza simplemente pasando tiempo en un café, leyendo un libro. Observa tus reacciones y recuerda: **"Está bien sentir nervios. Estoy seguro."** Cada vez que haces esto, el miedo se reduce un poco más... ¡pasos pequeños!

Paso 3: Activación Conductual

A menudo, nuestras emociones nos abruman, impidiéndonos hacer cosas que disfrutamos. Programa una actividad que sabes que te trae alegría o relajación, incluso si no tienes ganas de hacerlo. Ejemplo: Te encanta pintar pero hace tiempo que no coges un pincel. Pon un temporizador por solo 10 minutos. A menudo, una vez que comienzas, te resultará difícil detenerte. Piensa mientras pintas: **"Estoy haciendo esto por mí. Mi felicidad importa."**

Paso 4: Tapping de EFT

Este es un poco único pero súper efectivo. El EFT (Técnica de Libertad Emocional) implica golpear puntos de acupuntura en tu cuerpo mientras te enfocas en emociones negativas o estrés. Comienza identificando el problema que te preocupa. Ejemplo: ¿Te sientes abrumado por los plazos? Golpea suavemente en los puntos y di, **"Aunque me siento estresado por estos plazos, me acepto profundamente y completamente a mí mismo."** Pasa por puntos en las manos, cabeza y cara.

Paso 5: Ejercicios Rápidos de Enraizamiento

Cuando la ansiedad golpea fuerte, las técnicas de enraizamiento te devuelven al presente. Un método efectivo es el Ejercicio 5-4-3-2-1: Identifica 5 cosas que puedes ver, 4 que puedes tocar, 3 que puedes oír, 2 que puedes oler y 1 que puedes saborear.

Ejemplo: De pie en la ventana de tu oficina, podrías ver los árboles, tocar tu escritorio, oír a los colegas charlando, oler café (¡qué rico!) y saborear una menta. Los ejercicios de enraizamiento distraen la mente acelerada y te arraigan en el **presente.**

Para concluir, crea un **mantra** para unir todas estas prácticas... algo como: **"Detengo los pensamientos negativos, enfrento mis miedos, hago cosas que me hacen feliz, elimino el estrés con el tapping y me enraízo en el presente."**

Participar en estos pasos diariamente (o cuando el mundo se sienta abrumador) ayuda a desarraigar esos hábitos arraigados de exceso de pensamientos y angustia emocional, allanando el camino hacia una vida más plena y tranquila. Ahora has creado herramientas—simples, accesibles y efectivas. ¡Adelante, pruébalas!

Capítulo 8: Prácticas Sostenibles a Largo Plazo

"El cambio es el resultado final de todo aprendizaje verdadero."

Estamos llegando al paso clave de solidificar lo que hemos aprendido. Se trata de **hacer que perdure**, asegurando que los cambios realizados no sean solo momentáneos, sino a largo plazo. Este capítulo explora *Prácticas Sostenibles a Largo Plazo*, ¿no es eso lo que todos anhelamos cuando se trata de crecimiento personal, verdad?

¿Alguna vez te has visto volviendo a caer en viejos hábitos y pensando, "¿Por qué sigue pasando esto?" No te preocupes; no estás solo. **Mantener los Hábitos de Reestructuración Cognitiva** es crucial. A continuación, pasamos a **Integrar Nuevos Patrones de Pensamiento en la Rutina**, porque el cambio real se siente natural cuando es parte de tu día a día.

¿Alguna vez has tenido un día genial y luego *zas*—algo te hace desmoronarte? Reconocer tus **Disparadores Personales** asegura que estés preparado, siempre. Con **Planes de Afrontamiento Personalizados**, tienes un mapa para navegar terrenos complicados. Por último, exploraremos **Estrategias para Prevenir una Recaída**, porque ¿quién quiere retroceder, verdad?

Al leer este capítulo, obtendrás herramientas para hacer que tu progreso perdure, fortalecerte contra contratiempos e incrustar nuevos hábitos en tu ADN. ¡Da vuelta a la página y construyamos juntos ese futuro hacia el que te estás preparando...!

Mantener los hábitos de reestructuración cognitiva

Programar sesiones regulares de reestructuración cognitiva, realmente, es como reservar tiempo para el autocuidado, y puede marcar la diferencia. Al hacerlo parte de tu rutina, como lavarte los dientes o desayunar, creas un hábito que se siente menos como una tarea y más como una parte natural de tu día. Tal vez poner un recordatorio en tu teléfono para un momento tranquilo, cuando sepas que estarás sin interrupciones. Tener estos momentos programados te ayuda a mantener la consistencia y muestra que es una prioridad.

Al hacer eso, refuerzas una mentalidad en la que identificas activamente y desafías los pensamientos negativos. Imagina que estás en una reunión difícil con tu jefe y alguien critica tu desempeño. En lugar de caer en "Soy terrible en mi trabajo", aprovecha ese tiempo programado más tarde para analizar ese pensamiento y darle forma. Piensa, "Una crítica no define mi trabajo; me ayuda a crecer". ¿Ves? Esto no es solo un proceso de una sola vez, es un hábito que vale la pena construir y, con el tiempo, hace que sea más fácil manejar esos pensamientos desafiantes cuando surgen.

Las afirmaciones diarias también entran en juego aquí: esas pequeñas frases pueden establecer el tono para tu día. Me gusta empezar con algo simple y personal, como "Soy capaz"; se convierte en un contrapeso positivo a cualquier negatividad interna o externa. Escribe algunas de las tuyas... quizás consérvalas en notas adhesivas alrededor de tu casa para servir como un recordatorio suave y persistente. Esta reafirmación constante, día tras día, ayuda a construir una especie de escudo mental, bloqueando la duda antes de que se arraigue.

Seguir el progreso es otro elemento impactante. Una breve entrada en el diario, nada elaborado, puede hacer maravillas aquí. Apuntar esas pequeñas victorias como "Hoy, me di cuenta de que estaba pensando demasiado y cambié mi enfoque" no solo sirve como un elogio sino también como una forma de ver lo lejos que has llegado.

Cuando notas patrones o pensamientos negativos recurrentes, es más fácil identificar áreas que necesitan más atención.

Uno de los puntos clave a recordar (bueno, más bien "nunca olvidar") es aceptar que el progreso no siempre es lineal. ¡Algunos días se sentirán como un paso atrás, y está bien! (Sí, incluso los contratiempos percibidos son parte del avance).

Esos hábitos estructurales ayudan a reforzar la resiliencia contra los pensamientos negativos. Te vuelves más hábil al notar cuándo y por qué surgen patrones negativos, lo que te permite intervenir y detener el exceso de pensamiento antes de que crezca.

"Desarrolla el hábito como si estuvieras entrenando un músculo; cuánto más consistentemente entrenas, más fuerte te vuelves."

Para hacer las cosas más fáciles, tal vez sigas estos pasos:

- **Identifica el Pensamiento Negativo**

Atrápalo antes de que se reproduzca. Si sientes esa atracción familiar hacia la reflexión negativa, detente. Sé consciente del pensamiento con el que estás lidiando.

- **Desafía el Pensamiento**

¡Debátelo! ¿Podría ser menos severo o menos probable de lo que piensas? Piensa en pruebas positivas que desacrediten esa perspectiva sombría. Es en este "ida y vuelta" mental donde ocurre un cambio significativo.

- **Reemplaza el Pensamiento**

Aquí es donde realmente entra en juego el poder. Reemplaza "Nunca lo haré bien" con "Podría estar luchando ahora, he tenido luchas antes, siempre he mejorado." Reemplaza cualquier pensamiento... cambia la vibra de tu diálogo interno.

- **Reflexiona Regularmente**

Antes de dormir o al despertar, tómate un tiempo, solo unos minutos, para escribir cuán seguido te enfrentas a estos pensamientos y tus éxitos al reestructurar esos pensamientos complicados. Llévalo a un seguimiento.

Al adentrarte en el negocio de sentirte bien mentalmente, comienzas a entenderte mejor y das pequeños pasos cada día. Conservas el control sobre los pensamientos que una vez dominaron, avanzando hacia un terreno emocional más estable sin quedarte atrapado en bucles de excesivo pensamiento. (Créeme, estas cosas funcionan de maravilla).

Reconocer y respetar verdaderamente tu crecimiento puede disuadir viejos hábitos de duda, llevándote naturalmente a un espacio mental donde eres libre... permitiéndote disfrutar de los momentos vibrantes que la vida tiene reservados. ¿No crees que vale la pena el esfuerzo?

Integrando Nuevos Patrones de Pensamiento en la Rutina

Establece metas. Solo algo específico y alcanzable, no muy loco, y definitivamente alcanzable. Ya sea que estés apuntando a revisar ese teléfono solo tres veces al día o dejar un hábito, estos pequeños pasos se acumulan con el tiempo. Las metas brindan dirección; te muestran hacia dónde dirigir tus esfuerzos y te mantienen enfocado.

¿Qué tal recordatorios visuales? Estos son súper útiles. Una nota adhesiva en la nevera, el fondo de pantalla de tu pantalla, o incluso una pequeña pulsera mantienen tu mente alerta a las nuevas metas. No se trata de abarrotar tu espacio, sino de orientar suavemente tus pensamientos en la dirección correcta. Ver estos recordatorios a menudo incrustará gradualmente esos nuevos patrones de pensamiento en tus acciones cotidianas.

Practica la autocompasión. En serio, date un respiro. Cambiar cómo piensas no es una carrera de velocidad; es más como un maratón. Tropezar y cometer errores está bien, es parte del trato. Recuérdale a ti mismo que cada paso, incluso los retrocesos, contribuyen a tu progreso. Piensa en hablar con un buen amigo; no te reprocharían por cometer errores, entonces ¿por qué deberías hacerlo tú? Reflexiona sobre los momentos de lucha como oportunidades de aprendizaje en lugar de fracasos.

La paciencia... sí, eso puede ser difícil. Los patrones mentales no son como la escritura en una pizarra; son más como tallar en piedra. Piensa en tratar de borrar un hábito profundamente arraigado: cada pequeña viruta hace la diferencia pero no cambia todo de una vez. Dale tiempo y permite que estos cambios se asienten naturalmente.

"Está BIEN tener días malos, está BIEN cometer errores... piénsalos como pausas en una larga canción."

Cuando te des cuenta de que estás cayendo en patrones antiguos, redirige suavemente tus pensamientos. Quizás cuando estés pensando demasiado en una conversación pasada, recuérdale a ti mismo: "Ya está, no puedo cambiarlo." Esto funciona un poco como conducir un auto: hacer ajustes leves en lugar de giros abruptos.

Los puntos clave pueden simplificar aún más esta transición:

- Notas adhesivas para recordatorios constantes
- Alarmas en el teléfono con estímulos motivacionales
- Gráficos simples para seguir el progreso

El equilibrio es vital aquí. Alcanzar metas no debería significar agotarse. Tómate momentos para el autocuidado, como lo definas: una caminata, leer, o simplemente sentarte en silencio.

- **Establece una Meta Clara**

Pensar en pequeño ayuda al comenzar. Por ejemplo, si eres un pensador excesivo crónico, una meta podría ser: "Practicar la respiración consciente durante 5 minutos cada día."

- **Utiliza Recordatorios Visuales**

  Coloca una nota adhesiva donde la verás, un espejo de baño funciona de maravilla: "Respira, sé presente." Estas señales actúan como migajas de pan, guiándote de regreso al camino cada vez que te desvías.

- **Aplica Autocompasión**

  Dite a ti mismo que está bien luchar. Quizás has tenido un día en el que esas metas parecían difíciles de alcanzar. Reconoce esto y sé amable contigo mismo: "Cada paso cuenta, incluso los días difíciles."

- **Corrige Suavemente**

  Al atrapar una caída en la negatividad, ajusta el pensamiento. Imagina encontrarte rumiando: haz una pausa y cámbialo por: "He hecho lo mejor con la información que tenía."

Para concluir, integrar nuevos patrones de pensamiento en la vida cotidiana no es una victoria rápida. Es como plantar semillas donde el cuidado diario y la atención las hacen brotar y crecer más fuertes. Con metas específicas, recordatorios visibles y una actitud compasiva, estos nuevos patrones pronto parecerán algo natural, accesible y alcanzable, haciendo de tu rutina un terreno fértil para el cambio positivo.

Identificación de Desencadenantes Personales

Al lidiar con el estrés emocional o la ansiedad, descubrir qué desencadena esos sentimientos puede ser útil. Es como descubrir pequeñas piezas de un rompecabezas. Entender qué nos hace funcionar (o explotar) puede darnos un mejor control sobre nuestras reacciones. Aquí hay algunos pasos para identificar y manejar esas situaciones desencadenantes.

Mantén una lista de desencadenantes conocidos

Comienza anotando situaciones, palabras, personas, lo que sea que haga que tu corazón se acelere o tus palmas suden. No necesita ser elegante; toma una libreta o incluso usa tu teléfono. Esta lista te ayudará a prever y prepararte para cuando estas situaciones puedan surgir. Por ejemplo, si notas que empiezas a sentir ansiedad cada vez que recibes un correo electrónico del trabajo fuera del horario laboral, ponlo en la lista. *Oh, y créeme, ¡es tan fácil de identificar!*

Monitorea las reacciones emocionales a diferentes situaciones

Es hora de prestar atención a cómo reaccionas. Eres el detective de tu propia vida. Si una reunión improvisada con tu jefe deja tu cerebro nublado, anótalo. ¿Te sentiste impaciente? ¿Abrumado? ¿Enojado? Llevar un registro mental de las situaciones y el aumento de la emoción te ayudará a identificar patrones. Además, anotar estas reacciones ayuda a transformar sentimientos vagos en algo más concreto... *es como ponerle nombre al fantasma.*

Desarrolla conciencia de los signos físicos del estrés

Nuestros cuerpos son inteligentes, a veces más que nosotros. Envían señales cuando estamos estresados. Presta atención a señales como puños apretados, corazón acelerado, respiración superficial o hombros tensos. A menudo descubrí que mi mandíbula se tensaba en escenarios estresantes, lo cual sería ajeno si no me tomara un momento para chequear conmigo mismo. Una vez que reconozcas estas señales, serás más rápido identificando cuándo te estás acercando a un desencadenante de estrés antes de que empeore.

"Incluso algo tan pequeño como tamborilear nerviosamente con el pie puede ser un gran indicador de que te sientes incómodo o estresado."

Esto no se detiene aquí. Aquí hay algunas piezas de consejos extra sabrosas.

- **Revisa tu entorno**: ¿La sensibilidad a la luz te provoca dolores de cabeza? ¿El caos de tener demasiadas pestañas abiertas? Tu entorno juega un papel. Ajusta en consecuencia y ahorra mucho malestar.
- **Investiga antes de reaccionar**: Antes de sumergirte en una discusión o decisión, pausa y evalúa tus alrededores junto con tu estado interno.

Finalmente, comparte estos descubrimientos con alguien que esté contigo en esto: tu pareja, un amigo cercano, tal vez incluso un terapeuta. Algunos desencadenantes se manejan mejor cuando están al descubierto y compartidos. Si alguien sabe sobre tu miedo a hablar en público, pueden echarte una mano y apoyarte.

Tu tarea es ser paciente y seguir investigando acciones y reacciones suavemente. Nuestros cuerpos reaccionan notablemente al estrés, pistas esenciales para identificar desencadenantes. Anota esos estallidos sinceros... ("o vueltas de cabeza o bloqueos de puño" — verás patrones más claros con la cubierta palpable justo ahí).

Planes personalizados de afrontamiento

Crear un plan para lidiar con el estrés puede ser transformador. Pero, ¡organizarlo en pasos prácticos... ahí es donde ocurre la magia! Vamos a desglosarlo.

Identificar Factores de Estrés

Empieza por escribir las cosas que te estresan. Puede ser cualquier cosa, desde plazos de trabajo hasta dramas familiares. Apúntalos todos, sin importar lo grandes o pequeños que parezcan. Es como tratar de ver las nubes de lluvia antes de salir, solo quieres estar preparado.

Construir un Kit de Herramientas contra el Estrés

Piensa en técnicas que te puedan ayudar a manejar el estrés. Tal vez respiración profunda cuando te sientes abrumado, o quizás un breve paseo por la cuadra. Escribe algunas técnicas útiles que sepas que funcionan para ti, o incluso aquellas que has escuchado y quieres probar. **El ejercicio, la meditación y los hobbies pueden ser salvavidas durante momentos estresantes.**

Aquí tienes una lista rápida:

- Ejercicios de respiración profunda
- Paseos cortos
- Escuchar música relajante
- Escribir tus pensamientos en un diario
- Participar en un hobby que amas

Recluta a tus Aliados

Identifica a las personas que te apoyan. ¿En quién confías para compartir tus sentimientos? Pueden ser miembros de la familia, amigos cercanos, o incluso un consejero profesional. Tener apoyo puede ser invaluable... tu propio pequeño equipo de animadoras.

Tu lista podría incluir:

- Miembros de la familia
- Amigos cercanos
- Mentores o colegas de confianza
- Consejeros profesionales o terapeutas

Practica y Ajusta

Comienza a usar tu kit de herramientas cuando te sientas estresado, y asegúrate de comunicarte con los miembros de tu red de apoyo. Observa qué está funcionando y qué no lo está. ¿Las respiraciones profundas ayudan o el método no está funcionando? (Como las recetas, a veces necesitas ajustar los ingredientes... no dudes en ajustar tus enfoques.)

Mira las reseñas—en este contexto, ¿cómo están funcionando tus estrategias? Un poco de revisión de tu diario puede darte ideas sobre lo que es efectivo. Conviértelo en un hábito... no porque sea fácil, sino porque es útil.

"Si tropiezas, hazlo parte del baile"—todo se trata de ajustar y avanzar.

Crear un Horario

Incorpora estas técnicas de manejo del estrés y las revisiones de apoyo en tu rutina diaria. No requiere un horario militar—un empujoncito amistoso, como añadir un "tiempo para mí" después de la cena o fijar una llamada semanal con un amigo, hace maravillas.

Los horarios diarios y semanales podrían incluir:

- Meditación matutina: 10 minutos al día
- Paseos vespertinos: 20 minutos, tres veces por semana
- Llamadas/mensajes a amigos: todos los sábados

Reflexiona y Ajusta

Cada pocas semanas, tómate un poco de tiempo para reflexionar sobre tu plan. ¿Cuál es tu nivel de estrés? ¿Hay algo que podrías estar haciendo de manera diferente? **Las revisiones regulares y los ajustes marcarán la diferencia.** Métodos más frescos pueden funcionar mejor... se trata de mantenerlo dinámico.

Al final, recuerda que este es *tu* plan y no hay una talla única para todos (créeme, sé lo cómoda que puede ser la personalización). Las tácticas estresantes no están fijas para siempre—evolucionan contigo. Haz que tu plan sea flexible y sigue ajustándolo. El viaje es más importante que la prisa por llegar a la meta.

Estrategias para Prevenir una Recaída

Mantener todo en orden a largo plazo puede ser un poco complicado si no cuentas con las herramientas adecuadas. Aquí tienes algunos métodos prácticos para ayudar a mantenerte en el camino y prevenir caer de nuevo en viejos hábitos.

La consistencia es tu amiga. Establecer una rutina diaria consistente realmente puede ayudar. Además, a quién no le gusta un poco de orden, ¿verdad? Piensa en cosas simples como fijar un horario específico para despertarte, hacer ejercicio, trabajar y relajarte. No tiene que ser estricto al estilo militar. Tal vez te levantes a las 7 de la mañana, desayunes y luego des un paseo corto. Luego trabaja un poco o realiza proyectos personales hasta el mediodía. Seguir un patrón todos los días crea un ritmo, y tu mente (así como tu cuerpo) comenzará a depender de él. Cosas simples como estas construyen una base estable para mantener el estrés a raya.

Otro enfoque sólido... practicar la asertividad para evitar situaciones estresantes. No te quedes sentado y permitas que el mundo te cargue con sus problemas. ¡Habla! Establece límites. Por ejemplo, si alguien constantemente te transfiere su estrés, explícale amable pero firmemente que solo puedes ayudar cuando tú mismo no te sientes abrumado (y está bien decir no a veces). Incluso decir, "Actualmente me estoy enfocando en mis cosas, ¿podemos hablar de esto más tarde?" hace maravillas.

Pasando a la parte divertida... participar en actividades que estimulen la mente. Estas pueden ser desde leer, dedicarte a un hobby, cocinar una nueva receta o simplemente relajarte con buena música. La idea es alimentar tu cerebro con algo positivo y de distracción. A menudo escucho a la gente decir: "¡Debería retomar el yoga!" o "Quizás comience a hacer jardinería". A lo que yo digo, haz lo que sientas que es correcto para ti. ¡Incluso preparar una buena comida puede ser una tarea gratificante de más de una manera!

La vida también nos presenta desafíos inesperados, y está bien tropezar ocasionalmente. Así que a veces recordarnos a nosotros mismos lo que nos ayuda puede ser clave. Dite cada mañana: **"Prioriza mi paz. Solo aborda una cosa a la vez."**

Para asegurarte de que no te desvíes, aquí tienes una guía práctica:

Paso 1: Establece una Rutina

- Fija horarios de despertar y dormir (sí, los mismos horarios todos los días)
- Programa periodos específicos para las comidas, el trabajo, el ejercicio y el tiempo libre
- Mantén una agenda o elabora un horario simple (se siente bien tachar las cosas, créeme)

Paso 2: Sé Asertivo

- Di no cuando sea demasiado (tienes derecho a proteger tu paz)
- Establece límites (tanto personal como profesionalmente)
- Aprende y utiliza frases clave como "Ahora mismo no puedo concentrarme en esto" para evitar el estrés adicional

Paso 3: Participa en Actividades Positivas

- Elige hobbies que te brinden alegría o relajación
- Planifica actividades con antelación (ver una película, leer un libro, incluso planear un proyecto DIY interesante)
- Conéctate con otros que compartan los mismos intereses (encuentra un grupo local o comunidad en línea)

Seguir estas prácticas podría ser el arma secreta contra caer en la sobreexigencia y el estrés. Claro, habrá días en los que será más difícil mantenerse firme, pero tener estos hábitos fundamentales ofrecerá estructura, calma y un sentido de equilibrio que son vitales para el bienestar continuo.

Diviértete mientras lo haces. ¡Después de todo, tienes una vida que vivir!

¡Vamos a ser Prácticos!

Bien, entonces has pasado algún tiempo empapándote de las ideas más profundas del Capítulo 8. Se trata de establecer prácticas sostenibles a largo plazo para una vida más pacífica y equilibrada, ¿suena ideal, verdad? Pero, ¿cómo hacemos que esta teoría funcione en el mundo real? Buenas noticias: vamos a convertir estos conceptos en acciones aquí y ahora.

Paso 1: Comienza con la Reestructuración Cognitiva

¿Qué es eso, dices? Básicamente, se trata de entrenar tu cerebro para cambiar los pensamientos negativos en otros más positivos y útiles. Aquí tienes lo que debes hacer: Piensa en un pensamiento negativo común que tengas, quizás sea, "Siempre la estoy pifiando". Toma un papel y escríbelo. ¡Luego, desafía este pensamiento! ¿Es realmente cierto todo el tiempo? Probablemente no. Así que al lado, escribe, "A veces cometo errores, al igual que todos los demás, pero estoy aprendiendo y mejorando".

Ejemplo:

- Pensamiento Negativo: "Soy terrible manejando el estrés".
- Nuevo Pensamiento: "Estoy aprendiendo a manejar el estrés mejor cada día".

Haz esto a diario hasta que se convierta en algo natural. Es como ir al gimnasio para tu mente.

Paso 2: Integra Nuevos Patrones de Pensamiento en tu Rutina

Bien, ya tienes tus pensamientos positivos en papel. Ahora, ¿cómo los haces perdurar? La repetición es clave. Identifica momentos cotidianos en los que estos nuevos pensamientos pueden entrar en juego. Quizás puedas comenzar tu día con una de estas afirmaciones positivas o recordártelo cuando te encuentres con un desafío.

Ejemplo Práctico:

- Afirmación Matutina: Levántate y di, "Cada día es una oportunidad para crecer y mejorar".
- Cuando Te Enfrentes a un Desafío en el Trabajo: Haz una pausa, respira y piensa, "Esto es difícil, pero he manejado situaciones difíciles antes y salí más fuerte".

Cuanto más integres estos pensamientos en tu día, más fuertes se volverán.

Paso 3: Identifica tus Desencadenantes

Todos tenemos esas pequeñas cosas que nos alteran: un correo electrónico tardío, un comentario brusco, lo que sea. Identificar estos desencadenantes es como encontrar la raíz de una mala hierba; una vez que sabes de dónde proviene, puedes manejarlo mejor. Toma un diario y anota cualquier momento que eleve tu estrés o negatividad. ¿Qué pasó? ¿Cómo te sentiste? El objetivo aquí no es solo anotarlos, sino realmente entender qué te hace reaccionar.

Entrada de Ejemplo:

- Desencadenante: "Cuando mi jefe critica un proyecto en el que estoy trabajando".
- Sentimiento: "Siento que no soy lo suficientemente bueno".

Paso 4: Crea Planes de Afrontamiento Personalizados

Para cada desencadenante, desarrolla un plan de acción que te ayude a mantenerte tranquilo y sereno. Este plan puede incluir acciones como ejercicios de respiración profunda, dar un paseo corto o recordarte tus éxitos pasados.

Ejemplo de Plan de Afrontamiento:

- Desencadenante: Retroalimentación negativa en el trabajo.

- Plan de Afrontamiento: Respira profundamente tres veces. Recuérdarte tres cosas que hiciste bien recientemente. Decide una acción constructiva para mejorar la situación.

Así que cuando llegue esa crítica, tendrás herramientas listas para usar en lugar de caer en pensamientos negativos.

Paso 5: Estrategias para Evitar Retroceder

Las viejas costumbres son difíciles de romper, y es muy fácil caer de nuevo en ellas cuando menos lo esperamos. Ten algunas estrategias preparadas para ayudarte a mantener el rumbo. Un método efectivo es programar revisiones regulares contigo mismo. Quizás cada domingo, tomarte 15 minutos para revisar tu progreso. Reflexiona sobre lo que está funcionando y lo que no lo está.

Preguntas de Revisión de Ejemplo:

- "¿Logré reformular mis pensamientos negativos con éxito esta semana?"
- "¿Hubo desencadenantes para los que no estaba preparado?"
- "¿Qué puedo hacer de manera diferente la próxima semana para mejorar?"

Otro consejo: Comparte tu progreso con un amigo o terapeuta. A veces, verbalizar tus metas y luchas en voz alta puede añadir una capa de responsabilidad, y un poco de apoyo nunca está de más.

En resumen, establecer prácticas sostenibles a largo plazo requiere esfuerzo y atención constantes, pero es alcanzable. Al reestructurar tus pensamientos, incorporar nuevos patrones de pensamiento en tu rutina, comprender y manejar los desencadenantes, personalizar mecanismos de afrontamiento y crear estrategias para evitar recaídas, te estás preparando para una vida mucho más tranquila y resiliente. Tienes todas las herramientas a tu disposición, úsalas sabiamente y observa cómo comienzas a vivir más y a rumiar menos.

Capítulo 9: Abrazando la libertad y avanzando

"La libertad es el oxígeno del alma."

Bienvenido a un emocionante capítulo que establece el tono para **nuevos comienzos** y dejar atrás viejas luchas. *¿Alguna vez has sentido que estabas atrapado en un bucle, constantemente repensando las mismas cosas una y otra vez?* Este capítulo trata de liberarse de ese ciclo.

Comenzaremos con cómo **mantener la resiliencia emocional** — ¿qué significa eso, verdad? Se trata de mantener la calma y ser fuerte incluso cuando las cosas se ponen difíciles. Luego, ¡es hora de celebrar! **El progreso y los hitos** pueden parecer pequeños, pero son muy importantes para mantenerte motivado.

Avanzando, vivir sin rumiaciones constantes es como despejar el desorden mental. Finalmente puedes respirar y enfocarte en lo que viene. Hablando de lo que viene, **empoderarte para los desafíos futuros** es clave. Piénsalo como construir tu kit de herramientas para los giros y vueltas de la vida.

Por último, recursos para un crecimiento continuo. *Siempre útiles, ¿verdad?*

Al final de este capítulo, te sentirás más ligero, enfocado y listo para enfrentar lo que venga. ¡Así que veamos cómo podemos abrazar la libertad y avanzar felizmente!

¿Suena bien? *¡Empecemos!*

Manteniendo la Resiliencia Emocional

Construir resiliencia emocional, vaya, ¡puede ser desafiante, ¿verdad? Pero también es súper importante porque sienta las bases de cómo manejas los altibajos de la vida. Construir fortaleza mental a través de la autoconciencia es un buen punto de partida. Debes conocerte a ti mismo para realmente lidiar con el estrés.

Tómate un momento de tranquilidad; piensa en un revés emocional que hayas tenido. Observa tus pensamientos, ¿se vuelven negativos o identifican soluciones? Por ejemplo, después de una discusión con un amigo, en lugar de centrarte en los sentimientos heridos, puedes preguntarte: "¿Qué puedo aprender de esto? ¿Cómo puedo manejarlo de manera diferente la próxima vez?"

Ser adaptable también es clave. ¡La vida es impredecible, ¿verdad? Lo que ayuda es tener la flexibilidad para ajustar tu pensamiento cuando las cosas no salen como se planeó. Imagina que tu fecha límite de trabajo se adelanta inesperadamente. Podrías entrar en pánico, pero también podrías decidir trabajar en períodos más cortos e intensos, básicamente engañando a tu cerebro para ver la situación como un nuevo desafío solucionable.

Paso 1: Practicar la Autoconciencia: Lleva un diario para anotar tus pensamientos y sentimientos. Un proceso simple de tres pasos cada día (qué pasó, cómo te sentiste, qué aprendiste) será de gran ayuda.

Paso 2: Flexibilidad en el Pensamiento: Cuando te encuentres atrapado en un patrón de pensamiento negativo, trabaja activamente para pensar en resultados o soluciones alternativas. Incluso puedes intentar hacer algo físico para cambiar tu mentalidad, como salir a correr rápidamente o tomar un descanso con un rompecabezas.

A continuación, hablemos sobre el desarrollo de mecanismos saludables para hacer frente al estrés emocional. Definitivamente tienes tus propias formas, ¿pero son efectivas? A veces, lo que creemos que es útil en realidad no lo es.

Las **formas positivas de afrontar** pueden incluir:

- Actividades físicas, como paseos diarios o cualquier deporte que disfrutes.
- Salidas creativas, como dibujar, tocar un instrumento musical o tejer (sí, tejer). Estas actividades permiten que tu cerebro se desconecte de los factores estresantes.
- Hablar con alguien en quien confíes. Ayuda más de lo que piensas.

Por otro lado, lo que quieres **evitar** son mecanismos de afrontamiento no saludables:

- Beber o comer en exceso de manera habitual para adormecer el dolor.
- Pasar horas desplazándote por las redes sociales, lo cual podría sentirse inicialmente como una escapatoria pero a menudo conduce a más estrés.

Piensa en lo que te ha ayudado en el pasado para manejar el estrés. Tal vez pienses "Obtengo mucho simplemente jugando videojuegos". Está bien, pero equilibra eso con otros métodos de afrontamiento. La variedad te ayuda a ser más resiliente.

Paso 3: Identificar Salidas Saludables: Puede cambiar las reglas del juego (¡sí, lo dije!) tener algunas opciones a las que recurrir cuando llegue el estrés. Ya sea un entrenamiento, un pasatiempo o simplemente charlar con un amigo, haz una lista a la que puedas recurrir cuando la necesites.

Paso 4: Limitar Hábitos Dañinos: Presta atención a los comportamientos que pueden sentirse bien a corto plazo pero son perjudiciales a largo plazo. Ser consciente es el primer paso para reducirlos.

Mantener la resiliencia emocional no siempre se trata de evitar el estrés; enfrentémoslo, la vida está llena de extrañas vueltas. En cambio, se trata de aprender a **surfear las olas** sin ahogarse en ellas. "El éxito en la vida es un 10% lo que te pasa y un 90% cómo reaccionas a ello".

Esa cita puede sonar un poco cliché, pero ¿no hay verdad en ella? Ver los desafíos como oportunidades de crecimiento en lugar de contratiempos cambia la forma en que los enfrentas.

Paso 5: Reflexionar: Siempre tómate un momento para hacer un repaso mental (o literal) de tu día. Identifica los factores estresantes y observa cómo los manejaste, además piensa en cómo podrías manejar situaciones similares mejor en el futuro.

Movimiento Audaz: Comprométete a esta reflexión diaria. Te prepara para manejar el estrés mejor cada día, haciendo que esas olas sean un poco más fáciles de surfear.

Construir resiliencia se trata de hacer cambios prácticos, aquellos que puedes comenzar hoy. Mantén ese diario cerca, mantén la flexibilidad en el pensamiento, confía en salidas saludables, limita lo dañino y tómate tu momento diario de reflexión. ¡Es gratificante... Aguanta, ¡vas por buen camino!

Celebrando el Progreso y los Hitos

Es esencial felicitarnos de vez en cuando. Las pequeñas victorias son como pequeños fuegos artificiales iluminando nuestro camino de progreso, nos traen motivación y nos hacen sentir bien acerca de los pasos que estamos dando.

Reconociendo Pequeñas Victorias

Las pequeñas victorias ayudan a mantener nuestro ánimo alto. Tal vez decidiste meditar solo cinco minutos hoy o lograste decir 'no' a un plan al que no te sentías dispuesto. Estos momentos cuentan y recordártelos puede impulsar tu moral. Piensa en ellos como pequeños logros que vale la pena celebrar. Un amigo una vez me dijo: "Darle importancia a las pequeñas victorias es crucial", y realmente lo entendí: cada paso adelante merece su propia forma de reconocimiento.

Estableciendo Metas y Siguiendo los Logros

Las metas alcanzables mantienen las cosas realistas y nos motivan a alcanzar esos objetivos. Tal vez quieras leer un capítulo de un libro cada día. ¿Qué crees que sucede cuando registras cada uno que terminas? Ves una lista creciente de logros mirándote fijamente, ¿bastante genial, verdad? Un chequeo semanal o mensual puede ayudar a mantener esos marcadores de progreso a la vista.

Creando Rituales Personales

Elaborar algunos rituales personales puede elevar el proceso de crecimiento a algo especial. Podría ser tan simple como tomar una foto cada vez que completes un entrenamiento o escribir una entrada rápida en tu diario cuando hayas manejado una conversación difícil mejor que antes. Nombrar un ritual como "Viernes Fantásticos" o "Jueves Agradecidos" puede hacer que se sientan aún más personales.

"El ritual que corresponde a un comportamiento positivo se convierte en su propia recompensa."

Considera:

- Encender una vela al final de cada semana productiva para simbolizar tu arduo trabajo.
- Anotar tres cosas de las que estás orgulloso antes de acostarte.

- Planificar un pequeño premio después de completar una tarea desafiante, como hornear galletas o ver una película favorita.

Comenzar los párrafos de manera diferente mantiene esto interesante.

Consejos Prácticos para la Vida Diaria

No necesitas una gran ceremonia para significar tus logros. A veces, pausar, reconocer y seguir adelante es suficiente:

- ¿Terminaste ese proyecto agotador antes de lo esperado? ¡Date un high-five, tal vez toma tu snack favorito!
- ¿Finalmente hablaste con un amigo sobre algo que te molestaba? Sonríe ante ti en el espejo y reconoce la valentía que tomó.
- ¿Lograste mantener una alimentación más saludable durante una semana? Escribe un rápido "¡Hurra!" en tu diario.

Cada paso te acerca más a donde quieres estar.

Hay Valor en el Reconocimiento

Darte reconocimiento fomenta una mentalidad más saludable. Estemos orgullosos de perder menos días de entrenamiento y de responder a correos difíciles. Incluso notar mayor enfoque o menos ansiedad de inmediato le dice a tu cerebro que están sucediendo cosas buenas, lo que lo hace más probable que se adhiera a hábitos positivos.

Pequeños momentos conducen a grandes cambios cuando los valoramos. Incluso manejar un día difícil, como lidiar con emociones intensas y sobrevivir, cuenta como una victoria.

Trata el progreso como sagrado y,

- Encuentra significado en las pequeñas victorias;

- Establece metas realistas y rastreables;
- Establece rituales personales para resonar con el crecimiento.

Por simple que suene, el efecto acumulativo marca una diferencia sustancial. Cada pequeña victoria es como una moneda en una alcancía, pequeña por sí sola, valiosa en conjunto. Así que, sigue adelante, celebra las victorias y honra el crecimiento. Sigue notando el progreso, un pequeño hito a la vez.

Vivir sin Rumiar Constantemente

Vivir sin rumiar constantemente no es solo un sueño; es posible y puede convertirse en realidad con algo de esfuerzo y práctica. Un paso que puedes tomar es practicar la presencia. Estar en el momento presente ayuda mucho cuando te encuentras pensando en el pasado o preocupándote por el futuro. En lugar de dejar que tu mente divague hacia tiempos pasados, tómate un momento (o varios) para notar lo que te rodea. ¿Qué puedes ver, oír o tocar? Centrarte en estas cosas te devuelve a donde estás... a lo que estás haciendo en ese momento exacto.

Cuando se trata de pensamientos negativos, es tan fácil que se descontrolen. Tal vez estás pensando en algo que dijiste hace una semana y que desearías no haber dicho. En lugar de dejar que ronde en tu mente, redirige esos pensamientos hacia acciones constructivas. Por ejemplo, podrías:

- Salir a correr o hacer ejercicio, liberando estrés y cambiando tu entorno inmediato.
- Participar en una actividad creativa, como dibujar, cocinar o jardinería, que disfrutes.
- Llamar o enviar un mensaje a un amigo, hablando de otras cosas para romper el ciclo de negatividad.

Otra táctica altamente efectiva es establecer límites con situaciones desencadenantes. ¿Hay eventos, personas o lugares específicos que te hagan empezar a rumiar sobre el pasado? Identificarlos es el primer paso. Supongamos que navegar por las redes sociales provoca sentimientos negativos... reduce tu tiempo frente a la pantalla o deja de seguir ciertas cuentas. Si ciertas personas siempre te desaniman, limita tus interacciones con ellas o habla sobre cómo sus acciones te afectan.

Alguien dijo una vez:

"Lo que consume tu mente, controla tu vida,"

lo cual es cierto. Cuando llenas tus pensamientos de aspectos positivos, hay poco espacio para las preocupaciones pasadas.

Si concentrarte en el aquí y ahora y redirigir tus pensamientos parece difícil, considera estos pasos:

Paso 1: Reconectar con tus Sentidos

Nota las pequeñas cosas: el olor de tu café, la suavidad de tu manta o el canto de los pájaros afuera.

Paso 2: Cambia tu Rutina

A veces, un cambio de escenario (caminar por una ruta diferente, reorganizar tu habitación o encontrar un café nuevo para pasar el rato) marca una gran diferencia.

Paso 3: Establece Límites Claros

Si un evento social te genera ansiedad, di no de manera educada. Si una tarea te estresa, delégala si es posible o divídela en partes más pequeñas.

La esencia de vivir sin rumiar constantemente se relaciona con no permitir que el pasado domine tu presente. Entiendo que liberarse de viejos hábitos no es sencillo. Pero cada pequeño paso en practicar la presencia, redirigir tus pensamientos y establecer límites se acumula con el tiempo, teniendo un impacto significativo en tu bienestar.

Piénsalo de esta manera: cada vez que un pensamiento negativo intente invadir, intenta elegir una pequeña acción para contrarrestarlo. Ya sea contar tus respiraciones o abrir un libro que amas, el objetivo principal es redirigir esa energía. Afrontar estos momentos a medida que surgen enseña a tu mente que estás en control.

Es importante convertir estas acciones prácticas en hábitos. Es un poco como entrenar; mejoras al hacerlo consistentemente. Pronto comenzarás a vivir más en el presente y a crear una mentalidad donde las rumiaciones no tienen lugar para aferrarse. Cuando conviertes tales hábitos en algo natural, la vida se siente notablemente más ligera... más liberadora.

¡Bienvenido a vivir sin estar atrapado por el pasado o la rumiación ansiosa! Créeme, darte este regalo deja mucho más espacio para las nuevas y positivas cosas que la vida tiene esperando por ti.

Potenciándote para los Desafíos Futuros

Enfrentarse a nuevos desafíos puede ser desalentador, pero con la mentalidad correcta, es totalmente posible. Enfocarse en fomentar una **mentalidad de crecimiento** es crucial. Esta mentalidad no se trata de ser perfecto todo el tiempo —nadie lo es— se trata de reconocer que las habilidades pueden desarrollarse a través del trabajo duro, buenas estrategias y la contribución de otros. Por ejemplo, cuando te encuentras con un obstáculo en el trabajo, es natural sentir frustración. Pero en lugar de verlo como un fracaso, considéralo como una oportunidad para aprender algo nuevo o mejorar habilidades actuales. Es un cambio sutil en el pensamiento, pero poderoso.

A continuación, hablemos sobre mejorar las **habilidades de resolución de problemas** y ser adaptable. La vida es impredecible —no puedes prever cada obstáculo en el camino, pero puedes mejorar en cómo manejarlos. **Un paso importante** es dividir los problemas en piezas más pequeñas y manejables. Imagina que tu carga de trabajo se siente abrumadora. Al segmentar las tareas en partes más pequeñas, puedes abordarlas una por una, haciendo que toda la situación sea menos aterradora.

La **visualización** también puede ser útil aquí. Imagina el resultado final que deseas y trabaja hacia atrás para identificar los pasos clave para llegar allí. La flexibilidad también es clave. Los planes pueden cambiar, las situaciones pueden complicarse —pero adaptarse sin perder la calma es una habilidad que vale la pena perfeccionar. Piénsalo como gimnasia para tu cerebro.

Gestionar el estrés de manera proactiva es esencial, también. Esperar a que el estrés se acumule antes de abordarlo puede pasar factura a tu salud. Hábitos saludables como tomar descansos regulares, ejercicios de respiración profunda o incluso charlar con un amigo pueden marcar la diferencia. Estos hábitos pueden ser como tu arma secreta, preparándote para manejar el estrés antes de que se convierta en un problema.

Considera seguir estos pasos:

- **Establece una Rutina**
    - La consistencia puede calmar la mente. Incluso rutinas simples como la meditación matutina o paseos nocturnos ayudan a centrarte.
    - La rutina no significa rigidez —hazla lo suficientemente flexible para adaptarse a tus necesidades pero lo suficientemente consistente para fomentar la estabilidad.

- **Practica la Atención Plena**
    - Dedica unos minutos todos los días a estar presente. Ya sea a través de la meditación o simplemente desconectando las distracciones para centrarte en tus sentidos, los ejercicios de atención plena mejoran la claridad.
    - No es necesario sentarte con las piernas cruzadas y respirar profundamente; simplemente vive el momento, prestando plena atención a tus acciones y al entorno.
- **Mantente Físicamente Activo**
    - El movimiento físico no es solo bueno para el cuerpo —refresca la mente. Ya sea yoga, trotar o incluso bailar en tu sala de estar, encuentra lo que disfrutas.
    - Es interesante cómo sudar reduce la ansiedad y aumenta una sensación general de bienestar.

Un gran consejo para mantener una mentalidad proactiva proviene de estas sabias palabras:

"Siempre prepárate para los desafíos inesperados; es en esos momentos donde ocurre el aprendizaje."

La gestión proactiva del estrés también significa buscar recursos antes de que sean necesarios. Ten una lista de reproducción o un podcast al que recurrir que te calme, sabe qué amigos puedes llamar cuando las cosas se pongan difíciles y ten algunas técnicas de relajación como la respiración profunda o la relajación muscular en tu kit de herramientas.

Al trabajar en estos aspectos, te **potencias** para mantenerte fuerte cuando las cosas no salen como se planeó. Al seguir cultivando esa mentalidad, perfeccionando esas estrategias para resolver problemas y gestionando el estrés antes de que se acumule, estarás mejor preparado para los desafíos futuros.

Así que da un breve paseo, saborea tu café matutino con plena conciencia, sintoniza tu podcast favorito, comienza a organizar tu caja de trucos y técnicas, pequeños ajustes como estos pueden dar grandes pasos con el tiempo... y antes de que te des cuenta, no solo estás sobrellevando —estás prosperando.

¿No suena bien sentirse preparado para los giros inesperados de la vida? Se trata de los esfuerzos pequeños sumando resultados grandes. En resumen, cultiva esa mentalidad de crecimiento, afina tu capacidad para resolver problemas y mantener la flexibilidad, y sé proactivo con el estrés.

Feliz aprendizaje.

Recursos para el Crecimiento Continuo

Siempre es bueno buscar libros y literatura sobre **resiliencia emocional** y **mejoramiento personal**... Es como tener mentores justo en tu estantería, guiándote cuando sea necesario. Títulos como "El Obstáculo es el Camino" de Ryan Holiday y "Aceptación Radical" de Tara Brach ofrecen valiosas ideas para desarrollar una mayor **fortaleza emocional**. Cuando uno está luchando con el pasado, ciertos libros pueden sentirse casi como la cálida mano de un amigo, guiándote suavemente hacia la sanación.

Cursos y seminarios sobre desarrollo personal son otra buena vía a seguir. La oportunidad de unirse a talleres como "Desata tu Poder Interior" de Tony Robbins o participar en plataformas en línea como los numerosos cursos de Coursera sobre **bienestar mental** te brinda herramientas prácticas. Piensa en esto, ¿qué pasaría si un solo taller pudiera brindarte mecanismos para detener tu mente de dar vueltas en círculos por cada error pasado? A veces, escuchar ideas presentadas en vivo, con ejercicios tangibles, refuerza aún más el mensaje.

Luego está la simple magia de los **grupos de apoyo**, fáciles de encontrar ya sea que estés en una gran ciudad o en un pueblo pequeño. Grupos como los que son organizados por hospitales locales, centros comunitarios, o a través de plataformas como Meetup, te ofrecen la comodidad y la solidaridad de la experiencia compartida. ¿Ya te sientes abrumado por recuerdos pasados o decisiones? Únete a uno de estos grupos, escucha a otros sentir el peso que estás soportando, comparte tu parte. Podrías sorprenderte de lo liviano que puede llegar a ser ese peso cuando se ventila ocasionalmente en público.

Y no subestimes el consejo profesional al navegar este camino. Hablar con un terapeuta o coach de vida especializado en la recuperación de heridas emocionales o en la **atención plena** puede brindarte estrategias adaptadas para manejar el exceso de pensamientos. Encontrar un terapeuta o consejero profundamente sintonizado con los matices de estos puntos sensibles puede sentirse casi como encontrar un protector en un bosque desconocido.

Para un cambio genuinamente duradero, es esencial integrar estas recomendaciones en tu vida diaria. No todos los recursos te hablarán profundamente y personalmente, pero cada uno aporta algo único a tu cesta. Al considerar **acciones diarias** para un apoyo continuo:

- Establece un horario de lectura, permitiendo que secciones de diferentes libros impacten en tus rutinas matutinas y nocturnas.
- Regístrate en al menos un nuevo seminario o curso en línea cada pocos meses. Trata estos como refrescos de habilidades – como cambios de aceite para tu mente y emociones.

"A veces la vida te pondrá a prueba, pero recuerda esto: cuando subes una montaña, tus piernas se hacen más fuertes."

- Comprométete a asistir a una reunión de grupo de apoyo cada quince días. Incluso simplemente escuchar sin participar puede brindar un alivio inesperado.

Algunos hábitos eficientes son simples. Explora la literatura, inscríbete en cursos de desarrollo personal, participa en **apoyo grupal**, y busca orientación profesional cuando sea crucial. **Crear una mezcla de recursos para construir sabiduría emocional no se trata de un esfuerzo extravagante, sino de acciones consistentes y pequeñas.**

Piensa en una persona cuyo **equilibrio emocional** admires, probablemente hayan adoptado una serie de tácticas de mejora personal ellos mismos. Así que, elige ese libro impactante, asiste a ese curso significativo, únete a ese grupo facilitador, y consulta a ese profesional sabio. Cada esfuerzo ayuda a despejar la niebla, trayendo la libertad de una mente libre de pensamientos innecesarios.

¿Sentirte como tú mismo, posiblemente maravilloso a través del esfuerzo; no es eso un recurso que vale la pena perseguir?

¡Vamos a ser Prácticos!

Bueno, has leído el Capítulo 9 sobre "Abrazar la Libertad y Avanzar" y es hora de convertir ese conocimiento en acción. Vamos a realizar un ejercicio práctico que integre todo: mantener la resiliencia emocional, celebrar el progreso, deshacerte de las rumiaciones constantes, empoderarte para futuros contratiempos y utilizar recursos para un crecimiento continuo. ¿Suena bien? ¡Comencemos de inmediato!

Paso Uno: Establece tu Intención

Comienza por tomar un diario (o papel) y piensa en **por qué** quieres avanzar. ¿Cuál es ese deseo ardiente? Podría ser crear relaciones más saludables, encontrar paz contigo mismo o derribar esas barreras autoimpuestas.

Escíbelo. Por ejemplo:

"Quiero avanzar para tener relaciones más satisfactorias."

Esta intención será tu estrella del norte.

Paso Dos: Construye Resiliencia Emocional

La resiliencia emocional no sucede de la noche a la mañana, ¿verdad? Un ejercicio práctico y continuo es el uso de afirmaciones diarias. Comienza eligiendo una *afirmación* que resuene con tu intención. Las afirmaciones pueden ser simples pero increíblemente poderosas.

Dílas en voz alta cada mañana:

- "Soy fuerte y puedo manejar cualquier cosa que se presente en mi camino."
- "Tengo el control de mis pensamientos y sentimientos."
- "Cada día, en todos los aspectos, estoy mejorando cada vez más."

¿Listo con tus afirmaciones? Genial. Escribe algunas que te hagan sentir bien y repítelas constantemente.

Paso Tres: Celebra tus Éxitos, Grandes y Pequeños

Probablemente estás avanzando bien, incluso si no lo notas. Celebrar el progreso no es solo para hitos importantes, también cuentan las pequeñas victorias.

Crea una "Lista de Celebración". Cada vez que suceda algo bueno, grande o pequeño, anótalo.

Ejemplos incluyen:

- "Contacté a un amigo al que estaba evitando."
- "Sentí más calma y menos ansiedad esta semana."

Al final de la semana, revisa esta lista. ¡Recompénsate! Puede ser algo tan pequeño como una taza de café, o tan emocionante como una excursión a un lugar especial.

Paso Cuatro: Reduce las Rumiaciones Constantes

Rumiar es un demonio astuto, siempre al acecho, créeme. Aquí está el trato: cuando atrapes esos pensamientos colándose, ten un *mantra* preparado para cambiar el enfoque. Uno simple y efectivo es:

- "Detente. Ahora tengo el control."

Además, practica la atención plena. Dedica tiempo (digamos, 5-10 minutos) para respirar profundamente o usar una aplicación de meditación de atención plena. Despejar esa neblina mental es como presionar un botón de reinicio.

Paso Cinco: Empodérate para Futuros Desafíos

La vida le lanza a todos de vez en cuando una bola curva, el truco está en estar listo para batear. Fortalécete creando un "Plan de Empoderamiento". Detalla qué hacer en situaciones desafiantes.

Ejemplo:

*Situación: "Sintiéndome abrumado en el trabajo."

*Plan: "Respirar profundamente, listar tareas y abordar una a la vez."

Visualiza superando desafíos con fuerza y aplomo. Ensaya este plan mentalmente para que se convierta en algo natural.

Paso Seis: Recursos para un Crecimiento Continuo

¡La vida es una curva de aprendizaje continua! Mantén una lista de recursos como amigos de apoyo, terapia, podcasts motivacionales o libros. Comprométete a usar al menos un recurso por semana o mes para seguir creciendo.

Crea una mini biblioteca (física o digital) de estas ayudas. Ejemplos:

*Podcast: "El Colectivo Tranquilo."

*Libro: "El Poder del Ahora" de Eckhart Tolle.

Tener estas herramientas a tu alcance significa que siempre estás equipado con el equipo adecuado para el mantenimiento emocional.

Ahora, sigue cada uno de estos pasos día a día. Mantén tu estrella del norte (intenciones) cerca. No buscas la perfección, solo pasos consistentes hacia adelante.

Mantente centrado, celebra tus logros y mantén rugiendo esa fuerza interna. Disfruta el viaje, lo estás haciendo genial.

Conclusión

"No tienes que controlar tus pensamientos. Solo tienes que dejar de permitir que te controlen a ti." — Dan Millman

Y así, estimado lector, hemos llegado a las palabras finales de "El Poder de Dejar Ir". Este libro te ha guiado a través del laberinto del exceso de pensamiento y las heridas emocionales, mostrando cómo te impiden alcanzar la libertad que realmente mereces.

En **Parte 1: Entendiendo las Cadenas**, identificamos las trampas del exceso de pensamiento y los bucles interminables que lo acompañan. Se desenterró el papel del crítico interno, a menudo, nuestro juez más severo. Reconocer el inmenso costo emocional que proviene de rememorar el pasado abrió el camino para que notemos los síntomas y, lo más importante, comencemos a romper este ciclo insidioso.

Miedo y ansiedad—dos caras de la misma moneda que acompañan al exceso de pensamiento—revelan sus raíces psicológicas y cómo se entrelazan con nuestros pensamientos circulares en el Capítulo 2. Arrojar luz sobre sus orígenes nos dio el poder para comenzar a manejarlos con estrategias iniciales fundamentadas.

El Capítulo 3 nos llevó cara a cara con las heridas emocionales, ayudándonos a ver cómo las heridas pasadas moldean nuestros pensamientos actuales. A pesar de la negatividad, el punto destacado aquí está en el reconocimiento y la comprensión de que **la curación comienza con un solo pequeño paso**.

Al pasar a **Parte 2: Preparándose para el Cambio**, el Capítulo 4 nos introdujo a técnicas de autoconciencia. Al reconocer nuestros patrones de pensamiento y utilizar herramientas de Terapia Cognitivo-Conductual (TCC) para la autorreflexión, establecimos metas realistas (y alcanzables) hacia la recuperación.

Reformular y reestructurar pensamientos, como se exploró en el Capítulo 5, enseñó diversas técnicas para el diálogo interno positivo y la reestructuración cognitiva. Aplicar estas rutinas diarias ayuda a reescribir nuestros guiones internos para mejor.

En cuanto a la **regulación emocional**, el Capítulo 6 proporcionó técnicas fundamentales de enraizamiento y principios terapéuticos que cualquiera puede usar para estabilizar su estado mental— permitiendo el desarrollo de una disciplina emocional resiliente.

Practicar el Dejar Ir—la cúspide en la Parte 3 de nuestro viaje juntos—comenzó con las técnicas de alivio inmediato del Capítulo 7. Estos son los pilares inmediatos en los que apoyarse cuando la rutina se vuelve difícil.

El Capítulo 8 asegura que los cambios que realizamos sean sostenibles a través de hábitos consistentes y recordando planes de afrontamiento personalizados distribuidos en el tiempo.

Finalmente, en el Capítulo 9, vivir sin rumiaciones constantes anuncia un empoderamiento renovado, reavivando nuestra conexión con un futuro más positivo y esperanzador. Mantener la resiliencia emocional, celebrar incluso el menor progreso y reforzar las estrategias de este libro son vitales para un crecimiento continuo.

Al despedirme, espero que lleves estas lecciones contigo: Reflexiona a menudo, actúa con valentía y encuentra alegría en la nueva libertad emocional. Avanzando, que sigas sanando, creciendo y disfrutando de una vida menos cargada por las sombras del pasado. ¡Por un futuro pacífico y consciente... donde tengas el poder de no sobreanalizar y abrazar genuinamente la libertad que mereces...

Viajes seguros y esclarecedores por delante (de mi corazón al tuyo).

¡Una reseña ayudaría!

Cuando apoyas a un autor independiente, **estás apoyando un sueño**.

Si estás satisfecho con mi libro, por favor tómate un momento para dejar tu **opinión honesta**. Realmente significa mucho para mí. Si tienes sugerencias para mejoras, siéntete libre de enviar un correo electrónico a los contactos que puedes encontrar en el enlace proporcionado abajo.

Alternativamente, puedes escanear el código QR incluido para encontrar el enlace después de seleccionar tu libro.

Tu reseña solo toma unos segundos, pero **tu voz tiene un gran impacto** en la visibilidad y los proyectos futuros.

Así es como puedes dejar una reseña:

- Haz clic en el enlace de abajo
- Selecciona la portada del libro que compraste
- Haz clic en Reseña
- Envía

¡Gracias por tu apoyo!

Visita este enlace para dejar un comentario:

https://pxl.to/LoganMind

¡Únete a mi equipo de reseñas!

¡Muchas gracias por recoger mi libro! ¡Tu apoyo significa mucho para mí! Tengo una invitación especial para ti. Si eres apasionado por la lectura y te gustaría obtener una copia gratuita de mi libro, me encantaría que te unas a mi **equipo de reseñas**.

Así es como puedes unirte:

- Haz clic en el enlace o escanea el código QR.
- Haz clic en la portada del libro en la página que se abre.
- Haz clic en "Unirse al equipo de reseñas".
- Regístrate en **BookSprout**.
- Recibe notificaciones cada vez que lance un nuevo libro.

Echa un vistazo al equipo aquí:

https://pxl.to/LoganMind

www.ingramcontent.com/pod-product-compliance
Lightning Source LLC
Chambersburg PA
CBHW070029040426
42333CB00040B/1325